Bernhard Bueb

Lob der Disziplin

Bernhard Bueb

Lob der Disziplin

Eine Streitschrift

List

Der List Verlag dankt dem Fischer Verlag
für die Erlaubnis, aus folgendem Werk zu zitieren:
Thomas Mann, aus: Buddenbrooks

7. Auflage 2006

List ist ein Verlag der Ullstein Buchverlage GmbH

ISBN-13: 978-3-471-79542-2
ISBN-10: 3-471-79542-1

Gesetzt aus der Centaur bei Dörlemann Satz, Lemförde
Druck und Bindung: GGP Media GmbH, Pößneck
Printed in Germany

Für Heike, Valerie und Leonie

Freiheit freilich. Aber zum Schlimmen
Führt der Masse sich selbst Bestimmen.
Und das Klügste, das Beste, Bequemste
Das auch freien Seelen weitaus Genehmste
Heißt doch schließlich, ich hab's nicht Hehl:
Festes Gesetz und fester Befehl.

Theodor Fontane

Inhalt

Vorwort

Mit dieser Streitschrift ziehe ich die Summe meines beruflichen Lebens. Ich möchte einer interessierten Öffentlichkeit die Schlussfolgerungen vortragen, die ich als Vater, Erzieher und Lehrer nach 33 Jahren gezogen habe. Ich werde nicht die Geschichte eines pädagogischen Siegers erzählen. Ich werde von Erkenntnissen berichten, die ich aus meinem Leiden an unserer beschädigten deutschen Erziehungskultur gewonnen habe.

Der Erziehung ist vor Jahrzehnten das Fundament weggebrochen: die vorbehaltlose Anerkennung von Autorität und Disziplin. Wer heute als Erziehender tätig wird, kann einer erziehungsfeindlichen Umwelt, geprägt von einem aggressiven Materialismus, wenig entgegensetzen. Viele irren ziel- und führungslos durchs Land. Denn der Konsens, wie man Kinder und Jugendliche erziehen soll, ist einem beliebigen, individuell geprägten Erziehungsstil gewichen. Es gibt keine Übereinkunft über die Notwendigkeit, die Legitimation und die praktische Ausübung von Autorität und Disziplin.

Unsere pädagogische Kultur in Deutschland wurde durch den Nationalsozialismus in ihren Grundfesten erschüttert. Die Werte und Tugenden, die das Herz der Pädagogik ausmachen, haben sich bis heute nicht vom Missbrauch durch den Nationalsozialismus erholt. Die deutsche Variante der Jugendrevolte nach 1968 war selbst nur eine Folge der deutschen Katastrophe. Wir dürfen nicht hinnehmen, dass der Nationalsozialismus weiterhin unsere pädagogische Kultur beschädigt.

Das 20. Jahrhundert war pädagogisch ein Jahrhundert der Extreme. Die pervertierte Disziplin der kaiserlichen Kadettenanstalten und der nationalsozialistischen Praxis kontrastierte mit dem Laisser-faire der antiautoritären Erziehung der zweiten Hälfte des Jahrhunderts. Maßlosigkeit war das Kennzeichen beider Erziehungsmuster; Maßlosigkeit ist der Feind aller Pädagogik.

Mit dieser Streitschrift will ich einen Beitrag leisten, das rechte Maß zu finden, Autorität und Disziplin in der Erziehung wieder zu Ansehen verhelfen, und dadurch Kindern und Jugendlichen eine neue Zukunft eröffnen.

Für den Weg zum rechten Maß borge ich von Thomas Mann das Bild des Schiffers, der sich nach rechts neigt, wenn das Schifflein sich nach links neigt, um das Gleichgewicht wieder herzustellen. Dieses Bild möge den Leser bei der Lektüre meines Buches begleiten.

Bernhard Bueb
Im Herbst 2006

Wir brauchen wieder Mut zur Erziehung

Der Bildungsnotstand in Deutschland ist die Folge eines Erziehungsnotstandes. Kinder und Jugendliche werden heute nicht mehr aufgezogen, sondern wachsen einfach auf. Sie sind umgeben von ungewollt aggressiv präsenten Erziehern: vom Fernsehen, vom plakativen Wohlstand unseres Landes, von den Verführern der Konsumgesellschaft, von den Vorbildern eines geistigen und charakterlichen Mittelmaßes, das unsere »Eliten« repräsentieren. Zukunftserwartungen, die Jugendliche zu Taten beflügeln könnten, sind Zukunftsdrohungen gewichen: die strukturbedingte Arbeitslosigkeit, die Sinnentleerung unseres Daseins, auch verursacht durch den Verlust der Religion, die Vergreisung der Gesellschaft, die Ausbeutung der Lebensgrundlagen der Menschen, die Herrschaft des Geldes als letzter sinngebender Instanz – die Aufzählung ließe sich fortsetzen. Wem die Zukunft verloren geht, der wird nicht an sich arbeiten, sich nicht mehr anstrengen und keinen Idealen nachstreben. Den mangelnden Zukunftsaussichten treten wir nicht durch Erziehung entgegen. Die Kunst der Erziehung haben wir verlernt, gemeinsame Maßstäbe sind verloren gegangen, der Glaube hat sich breitgemacht, das Aufwachsen der Kinder werde schon irgendwie gelingen. Alle meinen es gut. Von Gottfried Benn haben wir jedoch gelernt, dass das Gegenteil von Kunst nicht Natur ist, sondern gut gemeint. Wir fahren auf einem Schiff ohne Kompass.

Was heißt Erziehung? Wie können wir durch Erziehung und Bildung Jugendliche zu Zuversicht und Lebensmut führen und wie können wir sie überhaupt erreichen?

Der Trainer führte seine Schüler mit harter Hand durch die hohe Schule des Handballs. Zügig flog der Ball von Mann zu Mann, ein atemberaubendes Tempo ließ auch den Zuschauern das Herz schneller schlagen, präzise und wie nach einem geheimen Plan bewegten sich die Spieler. Intellektuell und körperlich verlangte der Trainer höchste Anstrengung. Handballtraining hieß bei ihm, eine Gruppe durchtrainierter junger Menschen zu strategischem Denken, taktisch wendigem Zusammenspiel und zu einer Haltung des Fair Play zu führen. Was zunächst wie eine Folge schneidender Befehle klang, wurde von den Spielern als fortlaufende Liebeserklärungen erlebt. Die Führung seiner Schüler mit Disziplin und Liebe bildete das Geheimnis seines Erfolges. Mit jedem Handballtraining demonstrierte er, was Erziehung bedeuten kann.

Dieser Trainer war Lehrer und Erzieher am Internat Salem, er war Argentinier, sein Anspruch an sich und die Schüler erinnerte eher an Preußen als an Südamerika. Wie er die Handballmannschaft trainierte, so erzog er seine Schüler im Internat. Die Schüler liebten und verehrten ihn. Wir anderen Lehrer und Erzieher bewunderten, wie er mit Konsequenz und Fürsorge die Jugendlichen erreichte; wir beneideten ihn auch ein wenig, dass er so unbefangen mitten im Deutschland der Jahre nach 1968 Disziplin forderte.

Sein Erziehungsstil fand erstaunlicherweise allgemeine Zustimmung in einem Umfeld, das Erziehung eher als verständnisvolle Begleitung aufwachsender junger Menschen propagierte, weil die Leidenschaft seiner Zuwendung und sein pädagogischer Eros jeden Einwand theoretisch und dürr erscheinen ließen. Es gibt geborene Lehrer und Erzieher, er war so einer.

Zur gleichen Zeit arbeitete an der Schule eine Lehrerin, deren Erziehungsstil gegensätzlicher nicht hätte sein können, die aber denselben Anspruch auf Führung der Schüler erhob, nur tat sie es mit anmutiger, stiller Autorität, aber keinem geringeren pädagogischen Eros als der Argentinier und mit derselben Gefolgschaft der Schüler.

Führen oder wachsen lassen – so charakterisieren wir traditionell die gegensätzlichen Pole der Erziehung. Sie lassen sich im Bild des Töpfers oder des Gärtners anschaulich darstellen. Der Erzieher, der das Bild des Töpfers zu seiner Leitidee erkoren hat, will den jungen Menschen formen, er greift ein, steuert, fordert heraus, diszipliniert, schafft Freiräume, um ihn auf die Selbstständigkeit vorzubereiten, ja er wird ihn in die Selbstständigkeit und Freiheit zwingen. Wer sich am Bild des Gärtners orientiert, wird eher darauf achten, dass der junge Mensch gute Bedingungen des Aufwachsens vorfindet, er wird ihn mehr fördern als fordern, weniger eingreifen, aber darauf vertrauen, dass er sich selbst diszipliniert, also wenig Zwang und Autorität braucht.

Der Töpfer und der Gärtner repräsentieren zwei legitime Stile der Erziehung, die in Reinform selten vorkommen, meistens treffen wir eine Mischung mit einer Neigung zum einen oder anderen Pol an. Beide Stile bergen Gefahren in sich, der Stil des Töpfers kann in autoritäre Erziehung ausarten und der Stil des Gärtners in Nicht-Erziehung.

Wir wollten nach den Erfahrungen einer autoritären Erziehungstradition, die in einer Diktatur endete, eine Nation von Gärtnern werden, sind aber zu einer Nation von Nicht-Erziehern geworden, denn es herrscht das Missverständnis, dass der Gärtner auf Führung verzichten dürfe. Aber auch er greift ein, beschneidet die Pflanzen, bindet sie an Stangen und bewahrt sie vor Befall und Fehlentwicklung, wenn er ein guter Gärtner sein will.

Erziehung bedeutet immer Führung, diese Wahrheit wird durch den Begriff »Pädagoge« bestätigt.

Er stammt aus dem Griechischen und heißt Knabenführer. Wer führt, erwartet Gefolgschaft. Da Kinder nicht gehorsam geboren werden, ignorieren sie Anweisungen, rebellieren gegen Erziehungsmaßnahmen, missachten Gebote und wenden alle Mittel an, um ihren eigenen Willen durchzusetzen. Wutanfälle eines dreijährigen Kindes auszuhalten, dessen Äußerungen ohne Verstand sind, und sich nicht ab und an zu Klapsen oder gar Schlägen hinreißen zu lassen bedarf gehöriger Selbstdisziplin von Vater oder Mutter. Solche Selbstdisziplin wächst mit dem Bildungsgrad der Eltern. Gebildete Eltern wissen, dass Erziehung nicht ohne Konflikte gelingen kann. Sich ihnen zu stellen, nicht gleich nachzugeben und auch die Öffentlichkeit nicht zu scheuen, wenn konsequentes Handeln Ärgernis erregt, braucht Mut zur Erziehung. Supermärkte, Restaurants und Eisenbahnabteile sind beliebte öffentliche Austragungsorte pädagogischer Konflikte. Wer konsequent Unterordnung eines Kindes verlangt, beweist Mut vor Zuschauern, die in Deutschland konsequentes Handeln zu häufig missbilligen. Das gilt auch für die kleinere Öffentlichkeit der weiteren Familie oder der Freunde.

Mut zur Erziehung heißt vor allem Mut zur Disziplin. Disziplin ist das ungeliebte Kind der Pädagogik, sie ist aber das Fundament aller Erziehung. Disziplin verkörpert alles, was Menschen verabscheuen: Zwang, Unterordnung, verordneten Verzicht, Triebunterdrückung, Einschränkung des eigenen Willens. Disziplin setzt an die Stelle des Lustprinzips das Leistungsprinzip: Jede Einschränkung ist erlaubt oder sogar geboten, die dem Erreichen eines gesetzten Zieles dient. Disziplin beginnt immer fremdbestimmt und sollte selbstbestimmt enden, aus Disziplin soll immer Selbstdisziplin werden. Disziplin in der Erziehung legitimiert sich nur durch Liebe zu Kindern und Jugendlichen.

Erziehung ist eine nicht endende Gratwanderung zwischen Gegensätzen. Mütter, Väter, Lehrer und Erzieher suchen nach der rechten Mitte zwischen Führen und Wachsenlassen, Gerechtigkeit und Güte, Disziplin und Liebe, Konsequenz und Fürsorge, Kontrolle und Vertrauen, aber nicht nach einer arithmetischen Mitte, sondern einer dialektischen Mitte, weil die Gegensätze sich gegenseitig bedingen und ihre gelungene Synthese wahre Pädagogik begründet. Dialektisch heißt, der Erziehende muss sein Handeln jedes Mal wieder, intuitiv oder rational, dem Wechselspiel der Begründungen für diese oder jene Maßnahme aussetzen und auf Rezepte verzichten. Der Blick auf das einzelne, unverwechselbare Kind soll sein Denken steuern. »Vergleiche nie ein Kind mit einem anderen, sondern immer nur mit ihm selbst.« (Pestalozzi) Ein kaum erfüllbarer und doch unverzichtbarer Anspruch an alle Erziehung.

Das mühselige tägliche Geschäft der Erziehung

erzeugt eine Sehnsucht nach Rezepten, nach schematischen Lösungen von pädagogischen Problemen, weil das Scheitern kluger Überlegungen und abgewogener Maßnahmen Eltern und Lehrer zermürbt und weil das immer neue Abwägen des Für und Wider einer pädagogischen Entscheidung manche überfordert. Aber gerade Rezepte sind der Feind aller Pädagogik, weil die schematische Anwendung von Regeln dem Wesen der Erziehung widerspricht. Wer die Gratwanderung verlässt und simple Lösungen sucht, hat den Pfad der pädagogischen Tugend schon verlassen. Wer pädagogisch tätig ist, muss sich darauf einlassen, immer wieder Entscheidungen zu treffen, die er verantworten, die er aber nicht als die einzig richtigen begründen kann. Eltern, Erzieher und Lehrer müssen mit Zweifeln leben können, ob eine Entscheidung richtig ist; sie müssen aber zu ihrer Entscheidung stehen. Den fünfzehnjährigen Sohn eine Party besuchen zu lassen, wo sicher Alkohol fließt und der Konsum von Haschisch nicht ausgeschlossen ist, fordert Mut, setzt Vertrauen in den Sohn und einen Schuss Gottvertrauen voraus. Die Entscheidung kann sogar dann richtig gewesen sein, wenn der Sohn angetrunken zurückkommt. Erziehung muss Gelegenheiten für Bewährung bieten und muss auch die Erfahrung des Scheiterns zulassen. Versagt zu haben und den daraus resultierenden Konflikt zu meistern stärkt den Charakter eines

Jugendlichen manchmal mehr, als wenn er sich kontinuierlich wohl verhält. Unsere Großeltern wussten meist zu genau und zweifelsfrei, welche Entscheidung richtig war. Frei von Zweifeln zu sein stärkte ihre Autorität und konnte oft bei den Kindern Sicherheit erzeugen, aber ebenso oft ging etwas zu Bruch, weil das Kind oder den Jugendlichen die Botschaft der Liebe oder der Fürsorge nicht erreichte. Das Scheitern wurde allzu schnell als moralisches Versagen verurteilt und nicht als Chance der Bewährung gesehen. Dass das Geständnis, gelogen zu haben, eine größere moralische Leistung sein kann als die Stärke, gleich die Wahrheit zu sagen, war nicht allgemeine pädagogische Auffassung. Wir haben es heute als Eltern und Lehrer schwerer, weil wir uns in wichtigen Fragen leisten, einen allgemeinen Grundsatz zu verlassen, mehr zu wagen und individuell auf ein Kind zu reagieren. Unsere Autorität gewinnt nicht durch das Festhalten an Prinzipien, sondern durch den Mut zu persönlichen Entscheidungen. Das ist anstrengend, fordert Souveränität, und die bringen manche nicht auf, oft aus Zeitmangel oder weil ein Partner fehlt, der durch ein Gespräch Distanz und Gelassenheit schaffen kann.

Betrachten wir den pädagogischen Alltag. Er erzeugt die ewige Wiederkehr des Gleichen. Das Kind sitzt entgegen der Vereinbarung vor dem Fernseher, der Vater entdeckt die unerlaubte Handlung, will sie unterbrechen und wird in eine Debatte verwickelt, die meistens typisch verläuft: Das Kind mobilisiert das ganze Spektrum der Argumente, nur noch dieses eine Mal, eine besondere Sendung, alle anderen dürfen, und dann zückt es die emotionalen Waffen, erst eine Charmeoffensive, dann Weinen oder Wut.

Der Vater hatte schon verloren, als er sich auf die Debatte einließ. Es gibt Situationen, in denen man als Erziehender schnell und klar entscheiden muss, weil eine Vereinbarung verletzt oder eine geltende Regel übertreten wurde. Das gilt besonders für unwichtige Themen. Fernsehen einfach so, gegen das erlaubte oder vereinbarte Programm, da ist kurzer Prozess angesagt, es bedarf keiner Begründung, hier muss der Vater der Regel beherzt Geltung verschaffen.

Der Vater hätte erkennen müssen, dass in diesem Fall kompromisslose Klarheit der richtige Weg gewesen wäre. Einer sicher und eindeutig vorgetragenen Entscheidung folgen Kinder in der Regel. Spüren sie Unsicherheit, beginnen sie zu argumentieren. Die Fürsorge gebietet manchmal Disziplin ohne Debatte.

Anders verhält es sich bei der Frage, ob die sechzehnjährige Tochter zum ersten Mal bis spät in die Nacht in die Disco darf. Diese Frage ist rechtlich klar geregelt, die Eltern können einen Besuch verbieten. Ein Verbot kann pädagogisch falsch oder richtig sein, je nach Temperament der Tochter, nach Stand der Beziehung zwischen Eltern und Tochter und nach den äußeren Umständen. Was die Sicherheit angeht, da gibt es keinen Kompromiss: Die Disco muss einigermaßen bekannt sein, die Tochter darf nicht alleine gehen und in kein von Jugendlichen gesteuertes Auto steigen. Ansonsten ist die Entscheidung eine Frage des Vertrauens. Trägt das Vertrauen in die Tochter so weit, dass Eltern ihr Widerstand gegen mögliche Verführungen zutrauen, Verführungen durch Drogen und Alkohol, und in der Folge Standhaftigkeit gegen bedrängende Jungen?

Die beiden Beispiele zeigen den Unterschied zwischen einer trivialen Frage, wo eine schematische Entscheidung richtig ist, und einer wichtigen Frage, wo die Entscheidung Vertrauen und Mut zum Vertrauen verlangt. Viele pädagogische Situationen im Alltag lassen sich ohne Energie und Zeitaufwand regeln, wenn die Erziehenden die Belanglosigkeit der geforderten Unterordnung klar erkennen und konsequent handeln. In solchen Fällen wird den Erziehenden Selbstdisziplin abverlangt.

Solche Klarheit in kleinen Dingen schafft Platz für die Lösung schwieriger Fragen, die Zeit und Ruhe brauchen, wo ein diffiziler Sachverhalt zu klären ist und man im besten Fall mit dem Jugendlichen zusammen eine Lösung finden kann. Die

Frage des Discobesuches kann ein solcher Fall sein oder die Klärung, wann und unter welchen Bedingungen der Führerschein gewährt wird, die Höhe des Taschengeldes, die Anschaffung eines Laptops oder der Umgang mit Alkohol und Drogen.

Erziehung ist immer Werteerziehung und folgt einem Bild vom Menschen. Die Christen sehen sich als »gefallene Natur«, die einmal als Ebenbild Gottes geschaffen wurde, die Kommunisten glaubten an den durch egalitäre ökonomische Verhältnisse altruistisch gewordenen Menschen, die Nationalsozialisten verstiegen sich zum Zerrbild des arischen Herrenmenschen. Wir können nur den Weg der Aufklärung gehen. Sie hat die Menschlichkeit des Menschen zum Leitbild erhoben und einen Kanon von Werten und Rechten als verbindlich erklärt: Freiheit, Gleichheit, Brüderlichkeit, Gerechtigkeit, Wahrheit und Menschenliebe, um nur die wichtigsten zu nennen. Die Werte der Aufklärung sind nichts anderes als säkularisierte christliche Werte. Nun könnte man sagen: Die Erziehenden haben den Auftrag, diese Werte bei Kindern und Jugendlichen in Tugenden zu verwandeln. Jedem Wert entspricht eine Tugend, dem Wert der Wahrheit die Tugend der Ehrlichkeit, dem Wert der Gleichheit die Tugend der Toleranz, dem Wert der Freiheit die Tugend der Freiheit. Manche Werte und Tugenden unterscheiden sich begrifflich, zum Beispiel Wahrheit und Ehrlichkeit, manche sind begrifflich identisch, dem Wert der Freiheit zum Beispiel entspricht die Tugend der Freiheit.

Die fundamentalen Werte unserer Kultur und Moral werden ernsthaft von niemandem bezweifelt, aber ihre Umsetzbarkeit in Tugenden sehr wohl. Nicht der Verfall der Werte ist das Problem unserer Zeit, sondern der Verfall des Glaubens, dass diese Werte auf die Erde geholt werden können, dass die Menschen ihnen in ihrem Leben noch eine Chance geben. Der Auftrag der Erziehung lautet gleichwohl, den Glauben an die Umsetzbarkeit der Werte in Tugenden bei jungen Menschen zu stärken. Der Satz »der Ehrliche ist der Dumme« drückt den Zweifel an der Umsetzbarkeit des Wertes der Wahrheit aus, weil die Realität und die aus der unzulänglichen Realität gewonnenen Argumente stärker sind als der Glaube an die Durchsetzbarkeit der Wahrheit.

Die Ideen und Ideale, an denen wir die unvollkommene Wirklichkeit erkennen, haben ihre Kraft verloren. Das hängt auch mit dem Verlust der Religion zusammen. Der Wert der Wahrheit wandelt sich nicht durch Argumente zur Tugend der Ehrlichkeit, sondern durch Vorbilder und durch ihre erziehende Wirkung. Es gibt die öffentlichen Vorbilder in der Gesellschaft. Wir leben in dürftiger Zeit, was ihre Zahl und Überzeugungskraft angeht. Dann gibt es die persönlichen Vorbilder wie Väter, Mütter, Lehrer und Erzieher, die in täglicher Anstrengung versuchen, die Tugend der Ehrlichkeit in den Herzen der Jugend zu verankern. Das ist ein hartes Brot. Ein Kind flunkert, redet sich heraus, wirft Nebelkerzen, gibt schwammige Auskünfte, schiebt andere vor – der Erziehende muss jedes Mal reagieren und Klarheit, Eindeutigkeit und den Mut, die Wahrheit zu sagen, fordern. Ertappt ein Kind oder Jugendlicher den Erziehenden selbst bei der Unehrlichkeit, fallen alle Bemühungen um Ehrlichkeit in sich zusammen. Allerdings darf auch ein Erziehender versagen. Wenn er lügt, muss er den Mut haben, die Lüge einzugestehen. Das akzeptieren Jugendliche. Wem das einmal passiert ist, wird sich erinnern, wie unendlich schwer es fällt, eine Lüge zu beichten. Erziehende, die selbst einmal moralisch versagt haben und sich das ehrlich eingestehen, werden Jugendlichen gegenüber glaubwürdiger auftreten.

Die Erziehung eines Menschen vollendet sich durch Bildung. Bildung heißt, sich das Wissen der Vorfahren aneignen, mithilfe dieses Wissens sein Leben deuten und daraus Impulse für sein Handeln gewinnen können. Jugendliche stärken wir in ihrer Persönlichkeit durch Erziehung und Bildung. Erst die Fähigkeit, die Gültigkeit moralischer Werte erkennen und im Kontext des Wissens der Vorväter reflektieren zu können, wappnet junge Menschen gegen die Anfechtungen unserer Zeit. Erziehung und Bildung heißt daher, einen Menschen instand zu setzen, sich selbst und die Welt zu erkennen und in ihr mutig zu handeln.

Von einer maßgebenden Tugend aller Erziehenden war bisher nur beiläufig die Rede: von der Konsequenz. Als Vater habe ich beschlossen, dass meine Tochter nur zu bestimmten Anlässen Süßigkeiten erhalten soll. Täglich gibt es mehrere Situationen, die mich als Vater verführen, diesem Beschluss untreu zu werden: Im Supermarkt glaube ich nur dann das peinliche Geschrei vermeiden zu können, wenn ich dem Verlangen nach Süßigkeiten nachgebe; abends ist die Tochter nur bereit, gnädig einzuschlafen, wenn der gesüßte Tee statt des gesunden Tees gereicht wird; das Gequengel am Sonntagmorgen kann ich nur dadurch unterbrechen und endlich den wichtigen Brief fertig schreiben, indem ich aus dem »Geheimfach« doch ein Stück Schokolade hervorzaubere. Das Ergebnis: schlechte Zähne, weil der süße Tee die Regel wurde, undiszipliniertes Verhalten in der Öffentlichkeit, weil meine Tochter ihre Macht bald erkannt hat, wenig Ruhe zu Hause ohne ein Bonbon, weil meine Tochter auf meine schlechten Nerven setzt. Als gelernter Pädagoge weiß ich, dass ich mit meinem Verhalten gegen die Prinzipien meiner Zunft verstoße. Die Folgen habe am Ende nicht ich zu tragen, sondern meine Tochter.

Konsequent erziehen, das heißt, unbeirrt die Maßstäbe täglich durchzusetzen, die ein Erziehender sich als Richtschnur seines pädagogischen Handelns vorgenommen hat. Um den besonderen Charakter pädagogischer Konsequenz zu beschreiben, will ich sie vergleichen mit der Konsequenz bei der Dressur eines Hundes. Mit mechanischer Gleichmäßigkeit muss man ihn am Halsband zerren, um ihm »bei Fuß« einzutrimmen, ihm mit der Leine drohen, wenn er nicht sitzen bleibt, oder ihn mit denselben Worten und Gesten zum »Platz« zwingen. Eiserne Regelmäßigkeit ist das Geheimnis des Erfolgs. Mit solcher an Sturheit grenzenden Konsequenz will man erreichen, dass der Hund reflexartig bestimmte Verhaltensmuster übernimmt. Einen Menschen dagegen erzieht man konsequent, um ihn unabhängig von Verhaltensmustern zu machen. Konsequenz in der Erziehung soll immer Konsequenz mit Augenmaß sein, sie darf nie heißen, mechanisch ein Verhaltensschema um seiner selbst willen einzuüben; vielmehr soll die erzwungene Wiederholung einen jungen Menschen vorbereiten, einer Regel eines Tages aus Einsicht folgen zu können. Nur in einem Bereich ähnelt Konsequenz in der Erziehung der Konsequenz der Dressur, im Bereich der Sicherheit und Gesundheit. Die Einübung in den Umgang mit Feuer, mit Medikamenten, mit Elektrizität und in das Verhalten im Verkehr darf an Formen der Abrichtung erinnern, aber natürlich auch hier mit dem Ziel späterer Einsicht.

Wir sind in Deutschland Meister der Inkonsequenz. Der Mangel an konsequenter Erziehung macht Eltern, Lehrern, Erziehern und Kindern das Leben schwer. Wir können keine Regel aufstellen, ohne gleich drei Ausnahmen zu machen, wir psychologisieren zu viel und wir fürchten, dass die Härte, die jede Konsequenz mit sich bringt, die Zuneigung der Kinder vermindert.

Da im Gegensatz zur Dressur Konsequenz in der Erziehung keine mechanische Haltung ist, sondern an der Konsequenz sich auch die Kunst und Meisterschaft des Pädagogen zeigt, möchte ich zwei Bedingungen nennen, die in meinen Augen erfüllt sein müssen, wenn konsequente Erziehung gelingen soll.

Konsequente Erziehung braucht Zeit. Ich habe mich immer wieder zur Inkonsequenz verführen lassen, weil der nächste Termin drängte und ich den Konflikt nicht in Ruhe zu Ende führen konnte. Wenn Kinder merken, dass Vater oder Mutter unter Zeitdruck stehen, haben die Eltern schon verloren. Eilige Mahlzeiten verhindern, Manieren einzuüben. Konsequent Manieren beim Essen zu üben verlängert die Mahlzeiten. Pflichten im Haushalt zu erfüllen braucht Zeit. Wie oft greifen Mütter selbst zum Besen, weil es sonst so lange dauert. Ein Kardinalfehler, der sich rächt, wie ich bezeugen kann. Eltern wollen Zähneputzen ritualisieren; Geduld ist angesagt. Erziehungsnotstand entsteht auch aus Zeitmangel.

»Des Menschen guter Engel ist die Zeit« (Fontane), diese anthropologische Weisheit gilt ganz sicher für jede pädagogische Praxis. Keine Zeit haben oder sich keine Zeit nehmen gehört zu den Todsünden in der Erziehung. Alleinerziehende, Manager, berufstätige Mütter, nervöse Menschen, die keine Prioritäten setzen können, sind besonders gefährdet. Golo Mann wurde gefragt, warum er ins Internat gegangen sei. Seine Antwort: »Ein nervöser Künstler hatte keine Zeit.« Thomas Mann blieb seinen Kindern informelle, ungeplante Zeit schuldig. Zeit, die der Lebensrhythmus und die spontanen Einfälle oder Nöte der Kinder forderten, fand im Tagesplan des Genies keinen Platz.

»Time is money«, mit dieser Formel hat Benjamin Franklin, Ideologe des Kapitalismus, das Lebensgefühl der Menschen dieser Wirtschaftsform charakterisiert. Dieses Lebensgefühl hat auch die Welt der Pädagogik erobert. Das zweckfreie Spiel, die Muße, das schöpferische Ruhen sind rar geworden und bilden doch gerade den Humus, auf dem Erziehung gedeiht. Wenn der angestrengte Vater von der Arbeit nach Hause kommt, wollen die Kinder sein knappstes Gut, seine Zeit. Zeit haben heißt in ihren Augen aufmerksames Zuhören, Basteln, Vorlesen, Mensch-ärgere-dich-nicht-Spielen oder auch nur Herumtollen. Sein Traum, die Ruhe, das Bier, das Fernsehen, die Zeitung, dieser Traum ist für Jahre ausgeträumt und der Zeit für Kinder gewichen.

Wer sich auf die Gratwanderung der Erziehung

begeben will, sollte vorher mit sich zurate gehen, wie es mit seiner Zeit steht. Und er sollte die Zeit, die er mit seinen Kindern verbringt, als Gewinn für sich verbuchen. Auf die Charakterbildung von berufstätigen Müttern und Vätern kann sich das segensreich auswirken. Die Ehefrau und Freunde des Autors dieses Buches können das bezeugen!

Die Härte von Konsequenz wird für Kinder und Jugendliche akzeptabel durch Humor. Die heitergelassene Betrachtung der Ungereimtheiten menschlichen Verhaltens nennen wir Humor. Kinder können herzlich lachen über den Clown, der über seine eigenen Beine stolpert, oder über die scheinbar ahnungslose Naivität von Kasperle angesichts drohender Gefahren, sie lieben Comics, in denen Tiere ihre Stärken und Schwächen übertreiben. Zu den ersten Zeichen des »geistigen« Erwachens eines Kindes gehört das Lächeln.

Humor ist ein Merkmal der Güte. Erziehende, denen es an Güte und Humor mangelt, sollten ihren Beruf sofort aufgeben. Der gütige Mensch blickt mit Verständnis auf die Schwächen und Fehler der ihm anvertrauten Menschen, er wird immer mit einem Schmunzeln konsequent sein, weil er weiß, dass auch der Erziehende nicht immer konsequent sein kann. Alle, die Lehrer und Erzieher werden oder die eine Ehe eingehen wollen, sollten Humor besitzen – und Selbstironie, die einzige in der Erziehung und in der Ehe erlaubte Form von Ironie.

Der Humor kann abgleiten in eine Variante, die Kindern gegenüber zur verletzenden Waffe in der Hand von Erwachsenen werden kann, nämlich in Ironie. Die Grenze zwischen Humor und Ironie ist fließend. »Ironie« stammt aus dem Griechischen und heißt Verstellung, sie bezeichnet eine Rede, die das Gegenteil von dem meint, was sie aussagt. Ein Lehrer bemerkt scheinbar übertrieben lobend zu einem Schüler, er habe in der Klassenarbeit wieder einmal ein Beispiel seiner mathematischen Begabung geliefert, tatsächlich hat er nichts gekonnt. Ironie gibt Schwächen eines Menschen dem Gelächter preis, indem sie sie als Stärken rühmt. Wer dagegen Kindern und Jugendlichen mit Humor begegnet, hat schon ihre Herzen gewonnen.

Bei der Suche nach der rechten Mitte zwischen den Gegensätzen Gerechtigkeit und Güte, Disziplin und Liebe, Konsequenz und Fürsorge, Kontrolle und Vertrauen müssen wir lernen zu gewichten, wir müssen aber vor allem lernen, uns nicht verführen zu lassen, der Güte, der Liebe und der Fürsorge immer den Vorrang zu geben. Wir wachsen alle in einer Kultur auf, in der Härte und Strenge den Geruch des Unmenschlichen an sich haben; wir fürchten, die Zuneigung von Kindern und Jugendlichen durch Konsequenz zu verlieren, und sind um die psychischen Folgen von Disziplin besorgt. Uns mangelt die Erkenntnis, dass Strenge stärken und zu viel Fürsorge schwächen kann. Bei der Suche nach der rechten Mitte lautet heute die Empfehlung: mehr Mut zur Strenge. Ich erinnere an das Bild des Schiffers, der sich nach rechts neigt, wenn sich das Schifflein nach links neigt, und umgekehrt. Wir müssen uns in den kommenden Jahren eher zur Seite der Gerechtigkeit, Disziplin, Kontrolle und Konsequenz neigen. Es ist anzunehmen, dass irgendwann die Güte, Liebe und Fürsorge wieder zu kurz kommen, dann muss sich der pädagogische Schiffer verstärkt diesen Tugenden widmen.

Eine Erkenntnis dürfen die Erziehenden beinahe als Regel ansehen: dass es Eltern, Erziehenden und Lehrern schwerer fällt, streng und konsequent zu sein, als Kindern und Jugendlichen, Strenge zu akzeptieren.

Die Zukunft Deutschlands wird davon abhängen, dass wir die bewusste Erziehung unserer Kinder, orientiert an gemeinsamen Maßstäben und Überzeugungen, programmatisch zum ersten Thema der Nation machen, dass wir unsere Tatkraft, unsere Fantasie und unser Geld in den Dienst der Erziehung unserer Kinder und Jugendlichen stellen. Nur durch offensiv betriebene Erziehung und Bildung und den Mut, konsequent die anerkannten Werte in Tugenden bei jungen Menschen zu wandeln, können wir Kinder und Jugendliche für ein Leben mit wenigen Zukunftserwartungen stärken.

Freiheit erwirbt man durch Disziplin

Kleine Kinder entwickeln einen Drang zur Selbstständigkeit, der auf den Beobachter einen eigenen Zauber ausübt. »Selbst« oder »allein« heißen die Wörter, die den Willen zur Eigentätigkeit signalisieren. Es tritt in diesem Drang eine genuin menschliche Eigenart in Erscheinung, nämlich der Wille zur Freiheit. Allerdings äußert sich in diesem rudimentären Streben nach Selbstständigkeit nur eine Komponente der Freiheit, nämlich der Drang nach Unabhängigkeit und Selbsttätigkeit. Freiheit ist aber mehr als Unabhängigkeit, sie bezeichnet den Willen und die Fähigkeit, sich selbst ein Ziel zu setzen, dieses Ziel an moralischen Werten auszurichten, mit dem eigenen Leben in Übereinstimmung bringen und konsequent verfolgen zu können. Selbstbestimmung ist der Begriff dafür. Friedrich Nietzsche hat die Idee der Freiheit als Frage artikuliert: »Frei nennst du dich? Deinen herrschenden Gedanken will ich hören und nicht, dass du einem Joche entronnen bist. (...) Frei wovon? Was schiert das Zarathustra. Hell aber soll mir dein Auge künden: frei wozu?«

Jugendliche – übrigens auch viele Erwachsene –

neigen zu dem fundamentalen Irrtum, Freiheit mit Unabhängigkeit gleichzusetzen. Sie meinen frei zu sein, wenn sie einer Autorität den Gehorsam verweigern, sich also »frei von« Bevormundung dünken. Diese Gleichsetzung von Freiheit und Unabhängigkeit entspricht jugendlichem Denken. Sie wurde durch den pädagogischen Irrtum vieler Eltern, Lehrer und Erzieher, vor allem auch Erziehungstheoretiker unterstützt, dass junge Menschen Freiheit erwerben, indem man ihnen frühzeitig Freiheit gewährt, Freiheit als Unabhängigkeit von Führung und Autorität. Frei darf sich aber ein Mensch erst nennen, wenn er auf das Wozu eine Antwort geben kann. Die Antwort auf diese Frage entspricht der Antwort auf die Frage: Wer bin ich? Welchen Weg soll ich einschlagen? Was ist Sinn und Zweck meines Lebens? Freiheit ist kein Zustand, sie ist die späte Frucht einer langen Entwicklung, man erwirbt sie durch unendliche Stadien der Selbstüberwindung, des Wandels von Disziplin zur Selbstdisziplin. »Es gibt manchen, der seinen letzten Wert wegwarf, als er seine Dienstbarkeit wegwarf.« Nietzsche klärt mit diesem Satz, dass man eher weiter dienen sollte, als Unabhängigkeit ohne eine Idee der Selbstbestimmung anzustreben.

Kinder und Jugendliche träumen von der Freiheit, tun und lassen zu dürfen, was sie wollen. Sie sehnen sich nach einem Leben ohne Regeln, Verbote und Anweisungen. Pippi Langstrumpf, das wunderbare literarische Geschöpf Astrid Lindgrens, verkörpert diese Freiheit. Sie lebt in einer fantasievollen Anarchie, sie befriedigt damit das kindliche Bedürfnis nach Ungebundenheit. Ihren Mut zum Abenteuer bewundern die Kinder und würden auch gern so mutig sein. Pippi Langstrumpf erfüllt den märchenhaften Traum eines Paradieses der Unabhängigkeit, verbunden mit der Macht, die Störenfriede dieser Unabhängigkeit zu vertreiben. Astrid Lindgrens »Pippi Langstrumpf« wäre vielleicht in Zeiten des Kaiserreichs nicht verboten, aber mindestens geächtet worden, weil es der Neigung zur Anarchie bei Kindern zu sehr entsprochen hätte. Der »Struwwelpeter« wirkte zeitgemäßer.

Auch ich bin den Irrweg gegangen und wollte durch scheinbare Gewährung von Selbstbestimmung Jugendliche zu verantwortlichem Handeln erziehen. Als ich als Lehrer und Erzieher im Internat begann, hatte ich mir vorgenommen, mehr Verantwortung auf die von mir betreute Gruppe von Schülern zu übertragen. Ich wollte erreichen, dass sie aus Einsicht ihre Zimmer in Ordnung halten, pünktlich sind, rücksichtsvoll ihre Musik leise drehen, die gemeinsame Küche und Dusche sauber machen und nachts Ruhe halten. Was tut ein Erzieher, wenn er Verantwortung delegieren will? Er zieht sich zurück und gewährt den jungen Menschen die Freiheit, das Vernünftige ohne Gängelung von oben durchzusetzen. Ich zählte darauf, dass Schüler die wachsende Unordnung schwer ertragen und die Bewohner der Zimmer daraufhin Ordnung schaffen würden, dass der Lärm der Musik lästig werde und zu gegenseitiger Korrektur führe und dass die Aufregung über die dreckige Küche die Bewohner zu einer Vereinbarung veranlasse, einen Plan zur Ordnung in der Küche zu erstellen. Über das Experiment schrieb ich den Satz von Rosa Luxemburg, Freiheit ist immer die Freiheit der Andersdenkenden. In den siebziger Jahren fanden Jugendliche diesen Satz wunderbar. Sie erhoben ihn zur Maxime ihres Zusammenlebens.

Das Experiment ist vollständig gescheitert. Von zwölf Schülern meiner Heimgruppe waren vier in der Lage, sich selbst zu organisieren, die übrigen richteten sich im Chaos ein und fanden darin eine Ordnung, mit der sie gut leben konnten. Die vier »Ordentlichen« besaßen unterschiedliche Naturelle. Zwei waren kleine Pharisäer und forderten nach kurzer Zeit, es müsse die Ordnung wieder von oben erzwungen werden. Nur zwei entsprachen meinem Bild von angenehmen Menschen, die ihr eigenes Leben auf die Reihe brachten und trotzdem nicht unjugendlich wirkten. Einige Monate habe ich das Experiment durchgehalten und bin dann wieder zum bewährten, von den Schülern als autoritär empfundenen Erziehungsstil zurückgekehrt. Dabei ärgerte mich am meisten, dass die beiden Pharisäer am lautesten Beifall klatschten, von den interessanten und jugendlich wirkenden Jugendlichen kein einziger.

In derselben Zeit beteiligte ich mich an einem Experiment im Unterricht: »Schüler machen Schule«. Auch hier wollten wir die Motivation der Schüler fördern, indem wir ihnen mehr Freiheit und Verantwortung für die Gestaltung des Unterrichts übertrugen. Wir wählten die Fächer Geschichte und Sozialkunde, weil wir glaubten, dass Schüler in diesen Bereichen ohne zu große Vorkenntnisse selbstständig arbeiten könnten. Wir stießen auf Gegenliebe, verhalten, aber immerhin kam unser Plan an. Wir begannen mit der Planung und entwarfen mit den Schülern eine Rahmenkonzeption. Das Thema hieß Menschenrechte und gewaltsame Formen ihrer Durchsetzung. Wir wählten damals als Beispiel den in den siebziger Jahren heftig tobenden Kampf der katholischen Minderheit gegen die protestantische Mehrheit in Nordirland. Mit Eifer und Zuversicht wandten wir zwei federführenden Lehrer unglaublich viel Energie und Zeit auf, um daraus ein Projekt der ganzen zehnten Klasse zu machen. Um das Ergebnis vorwegzunehmen: Nach kurzer Zeit sah man zwei heftig arbeitende Lehrer, unterstützt von fünf hoch motivierten Schülern, den bekannten Klassenbesten, das Projekt vorantreiben. Die übrigen fünfzehn Schüler beteiligten sich halbherzig oder nützten die neue Freiheit, um gar nichts zu tun. Das Experiment erinnerte an eine Situation im Stellungskrieg 1915 an der österreichisch-italienischen Front, als zwei Offiziere sich aus dem italienischen Graben erhoben, die Fahne ergriffen, »avanti« riefen und losstürmten. Die Soldaten klatschten begeistert Beifall, verharrten aber in ihrer alten Stellung. Wir Lehrer arbeiteten uns halb tot, fünf hoch motivierte Schüler steigerten sich in Motivation und Leistung, die fünfzehn übrigen »verharrten in ihrer Stellung« und genossen das Nichtstun.

Erst später habe ich bei erfahrenen Schulreformern, insbesondere bei Alfred Hinz, dem langjährigen Leiter und Spiritus Rector der Bodenseeschule in Friedrichshafen, einer Vorzeigeschule unserer Republik, gelernt, dass jede Art von sogenannter Freiarbeit und Mitverantwortung von Schülern eine minutiös ausgearbeitete Vorlage braucht, dass letztlich Freiheit nur gewährt werden darf, wenn die Schüler durch die Ordnung des Materials und vorgeplante Wegstrecken geführt werden. Die Führung delegiert der Lehrer an die vorgefertigte Ordnung, die Schüler erleben diese Situation als Selbstbestimmung. Es ist eine erlaubte Täuschung der Schüler, denn tatsächlich hat der Lehrer seine Autorität auf das Material verlagert und sich auf die scheinbar neutrale Rolle des Moderators beschränkt. Allerdings werden heute auch weiterhin unverdrossen solche Versuche im Stil von »Schüler machen Schule« unternommen, dilettantisch, weil gerade die aufgeschlossenen Lehrer weiterhin daran glauben, man müsse nur Freiheit gewähren, dann würden Schüler zur Verantwortung finden.

Kürzlich fragte mich eine Lehrerin, was ich von den Sudbury Schulen halte. 1968 wurde die erste freie Schule in Sudbury Valley, Massachusetts, USA, gegründet, inzwischen gibt es mehr als dreißig weltweit. »Die Schüler bestimmen hier selbst jederzeit, was sie lernen, wie sie lernen, womit sie lernen und mit wem sie lernen«, heißt es in einem programmatischen Text. Die Lehrerin will selbst eine solche Schule gründen. Meine Antwort: Wenn die Schule von einer Person mit großer Autorität geleitet wird und wenn die Lernmaterialien die Ordnung vorgeben, die in den Köpfen der Schüler und ihren Tätigkeiten entstehen soll, dann kann man ein solches Experiment wagen. Außerdem müsse sie dafür sorgen, dass eine »kritische Masse« der Schüler durch Erziehung und Herkunft aus bildungsnahen Elternhäusern schon die Fähigkeit zu geordnetem Lernen mitbringt. Sie müsse sich hüten vor dem Andrang von Schülern, deren Eltern glauben, dass hier die Lernschwierigkeiten ihrer Kinder gelöst werden. Ich habe sie nicht überzeugt.

Natürlich gibt es Jugendliche, die früh die Reife zur Freiheit gewinnen. Aber oft verbindet sich eine solche Frühreife mit dem Verlust der Jugendlichkeit. Es gehört zur Jugend, dass sie Freiheit als Ungebundenheit interpretiert, dass ein Jugendlicher also nicht schon mit sechzehn wie ein Erwachsener immer für das Vernünftige eintritt. Verlust von Jugendlichkeit kann in Selbstgerechtigkeit umschlagen (die Pharisäer); oder ein Jugendlicher trägt bereits in jungen Jahren viel Verantwortung, weil zum Beispiel ein Elternteil gestorben ist oder eine andere familiäre Situation ihm diese Rolle auferlegt. Ihm ist durch äußere Umstände verwehrt, jung sein zu dürfen.

Wir müssen wieder zu der alten Wahrheit zurückkehren, dass nur der den Weg zur Freiheit erfolgreich beschreitet, der bereit ist, sich unterzuordnen, Verzicht zu üben und allmählich zu Selbstdisziplin und zu sich selbst zu finden. Damit schafft er die Voraussetzung für sein Glück. Denn Glück wird besonders befreiend erlebt, wenn es einer Anstrengung folgt. Viele kennen das Glücksgefühl, das einen durchströmt, wenn man den Gipfel eines Berges erobert hat. Ein Jugendlicher übt monatelang, um bei einem öffentlichen Vorspiel seiner Klavierklasse auftreten zu können. Die Disziplin zum Üben bringt er auf, weil ihm ein einzigartiges Glücksgefühl nach dem letzten Ton seines Vorspiels winkt. Dieses Glück nach einer gelungenen Leistung kann einen Menschen vollkommen erfüllen. Dabei erlebt man die doppelte Bedeutung von Glück: Auch bei einem Vorspiel muss der Spieler Glück haben, damit es gelingt, die Stimmung muss gut sein, er darf nicht zu aufgeregt sein und seine Hormone müssen harmonieren. Wenn er tüchtig war und Glück hatte, dann darf er auch glücklich sein. Die Römer unterscheiden zwischen *fortuna* und *beatitudo,* Zufall und Glück, die Angelsachsen zwischen *lucky* und *happy.*

Die Menschen warten zu viel darauf, dass sie Glück haben. Die Redensart lautet aber, das Glück sei mit den Tüchtigen, Friedrich II. von Preußen pflegte ironisch zu sagen, der Herrgott sei immer mit den besten Bataillonen. Das Glück der Anstrengung wird psychologisch und moralisch als legitimer angesehen als das Glück, das einem in den Schoß fällt. Das Glück des Sohnes, der sein Erbe nur genießt, steht in geringerem Ansehen als das Glück des tüchtigen Unternehmers, der durch Anstrengung seinen Besitz erworben hat. Das Glück, das einer schöpferischen Anstrengung folgt, ist von größerer Dauer als ein passiv erlebtes Glück, es hinterlässt kein schales Gefühl, wenn es endet, es findet Anerkennung bei den Mitmenschen, erregt also weniger Neid, und es ist wiederholbar, ohne sich abzunutzen.

Das Sprichwort sagt, man müsse Menschen zu ihrem Glück zwingen. Wie viel Schweiß und Tränen kostet es, bevor ein Geigen- oder Klaviervorspiel Glücksgefühle auslösen kann, wie viel Disziplin fordert das Ballett oder der Sport, wie viele Konflikte lösen die erzwungenen Konzert- und Museumsbesuche aus. Aber ohne solche Zwänge erfährt ein

Mensch nicht das Glück des »Weihnachtsoratoriums«, der »Zauberflöte« oder der Betrachtung der Sixtinischen Kapelle.

Wenige verbinden Glück mit Taten der Nächstenliebe, weil sie zu solchen Taten wenig verführt sind. Kurt Hahn, der Gründer Salems, hat seinen Schulen eine geniale pädagogische Einrichtung mit auf den Weg gegeben, die Dienste. Ich würde sie sofort an jedem Gymnasium verpflichtend einführen. Jedes Mädchen und jeder Junge muss von der zehnten bis zur dreizehnten Klasse einen Nachmittag in der Woche, also zwei bis drei Stunden, im Dienste anderer Menschen verbringen. Es gibt technische Dienste, Feuerwehr und Technisches Hilfswerk, der zahlenmäßig stärkste Dienst ist der Sozialdienst. Schüler betreuen behinderte Kinder, helfen Grundschülern bei den Hausaufgaben, besuchen alte Menschen oder üben Deutsch mit Asylantenkindern. Die Dienste sind verpflichtend und gerade darin liegt ihre Qualität. Nur weil der Dienst obligatorisch ist, erreichen wir, dass alle daran teilnehmen. »Der Appetit kommt mit dem Essen«, die Pflicht wandelt sich erfreulich häufig zur Neigung, aus Disziplin entwickelt sich Selbstdisziplin und Jugendliche erfahren, wie viel Freude und Glück das Helfen bereiten kann.

Das Glück der Anstrengung fällt Jugendlichen heute nicht als Erstes ein, wenn von Glück die Rede ist. Sie kennen oft nur das Glück der Animation, das von außen kommt. Fernsehen, Internet und Computer sind eine Quelle des Glücks, Drogen, Alkohol und Zigaretten eine andere Quelle. Reichtum sorgt für Glück, attraktive Körper führen zu erotisch-sexuellem Glück. Gegen diese Versprechen von Glück scheint das Glück der Anstrengung wenig Chancen zu haben.

Und doch hat es Chancen, wenn wir zu den alten Wahrheiten zurückkehren. Wir müssen den Mut aufbringen, Askese nicht als lebensfeindlich, sondern als lebenssteigernd zu verkünden.

Im Jahreszyklus des katholischen Internats, das ich mit großem Gewinn besuchte, spielten Fasnacht und die anschließende Fastenzeit eine große Rolle. Die Tage der Fasnacht, sonst auch Fasching oder Karneval genannt, wurden aufwendig gestaltet, heiter und mit erstaunlicher Freizügigkeit gefeiert und endeten am Aschermittwoch mit dem Einstieg in die Fastenzeit. Wir nahmen beides ernst, das Feiern und das Fasten. Mit dem Aschermittwoch begannen vierzig Tage der verordneten Selbstdisziplin. Jeder nahm sich einiges vor, ganz Eifrige legten Tabellen an, auf denen die Übungen des Verzichts vermerkt wurden. Der Verzicht konnte sich auf alles beziehen, jeder sollte dort Enthaltsamkeit geloben, wo sie ihm besonders schwerfiel. Außerdem sollte sich jeder zusätzliche gute Taten überlegen, Werke der Nächstenliebe planen, ungeliebte Arbeiten erledigen und sich freiwillig noch diese oder jene kleine Mühsal ausdenken. Da diese asketischen Übungen mit katholischer Fröhlichkeit und ein wenig südlich-römischer Ungenauigkeit vollzogen wurden, verloren sie die bedrohliche Härte, die ein Protestant fürchtet, wenn er sich so etwas vornimmt. Sein Über-Ich ist sein unbarmherziges Gewissen, ein Katholik lässt sein Gewissen vom italienischen Rom inspirieren. Diese Art, die Fastenzeit zu gestalten, besaß geradezu einen sportlichen Charakter und wirkte dadurch nicht so moralinsauer.

Die Fastenzeit empfand ich immer als weise Einrichtung. Gemeinsam übten wir Verzicht, wodurch er uns leichter fiel. Es handelte sich um eine festgelegte, von höchster Warte verordnete Zeitspanne, in der wir uns äußere Enthaltsamkeit auferlegten, aber innere Läuterung anstrebten. Wir übten Verzicht, um die Segnungen des Verzichts zu erfahren und uns bewusst zu werden, dass Verzicht der Steigerung des Lebens dient. Heute kauft man solche Erfahrungen und Erkenntnisse für teures Geld in Fastenkliniken.

Wir versündigen uns an unseren Kindern, wenn wir ihnen die Weisheit von Jahrtausenden vorenthalten. Das ritualisierte Fasten hat uns diese Weisheit nicht gelehrt, sondern erfahren lassen. Dem Glück der Selbstüberwindung kann niemand begegnen, der nicht durch äußere Disziplin zu solchen Erfahrungen gezwungen wird. Freiwillig wird sich kein Kind und kein Jugendlicher einem Reglement unterordnen – Disziplin heißt eben Unterordnung –, das ihn an der unmittelbaren Befriedigung seiner Wünsche und Triebe hindert.

Natürlich verordnet kein Erziehender Kindern und Jugendlichen Disziplin, Fasten und Verzicht aller Art um ihrer selbst willen, sondern ausschließlich mit dem Ziel, die jungen Menschen zur Selbstdisziplin zu führen. Auch die Fastenzeit diente diesem Ziel. In Salem gab es früher den Trainingsplan verpflichtend, heute leider nur noch freiwillig. Es handelt sich um ein Instrument der Selbstprüfung aus Klosterzeiten. Jeder Schüler erhielt ein Heft mit Formularen, auf denen verschiedene Pflichten vermerkt waren, Pflichten geringerer Wichtigkeit wie Zähneputzen, Pünktlichkeit oder Bettenmachen; aber auch Pflichten wie Aufmerksamkeit anderen gegenüber, Erfüllung selbst gesetzter Ziele usw. Jeden Abend sollte jeder ein Plus- oder Minuszeichen hinter jede Pflicht setzen, Plus bei Erfüllung und Minus bei Nicht-Erfüllung einer Pflicht. Diese institutionalisierte Selbstprüfung kann unglaublich hilfreich sein, um auf dem langen Weg zur Selbstdisziplin weiterzukommen. Wir bieten heute Jugendlichen wenige Hilfen von der Art der Fastenzeit oder des Trainingsplans. Wir überfordern sie fortwährend, weil wir ihnen nicht die ritualisierten Stützen bieten, die die Religion geboten hat oder die von klugen Pädagogen säkularisiert und in den Erziehungsalltag übernommen wurden.

In Familien, in Kindergärten, Schulen, Internaten und Freizeiteinrichtungen aller Art (Ferienlager, Landschulheime) sollten wir mutig wieder ritualisierte Formen des Fastens und Übungen des Verzichts einführen. Außerdem sollten wir Kinder und Jugendliche mehr verpflichten, an Unternehmungen der Familie oder einer Gemeinschaftseinrichtung (Schule, Verein oder Ferienlager) teilzunehmen. Die gemeinsame Wanderung am Wochenende, der Konzert- oder Theaterbesuch, der regelmäßige Besuch bei einer alten Tante oder beim Großvater, auch kleine Übungen des Verzichts, zum Beispiel keine Zwischenmahlzeiten, oder die Teilnahme an sonntäglichen Gottesdiensten wenigstens von Zeit zu Zeit, wenn eine Familie christlich gesinnt ist – solche verpflichtenden, ritualisierten Tätigkeiten sind Einübungen in die Fähigkeit, sein Leben selbst zu bestimmen.

»Wer sein selbst Meister ist und sich beherrschen kan, dem ist die weite Welt und alles unterthan«. Diese Verszeilen stammen aus einem Gedicht von Paul Fleming, einem Dichter aus der Zeit des Dreißigjährigen Krieges. Diese Zeilen sollte sich jeder Jugendliche über sein Bett hängen.

Alle Macht den Eltern

Väter und Mütter besitzen absolute Macht über ihre Kinder. Mütter heben ihre Kinder gegen deren heftigen Widerstand hoch oder zerren sie weg. Kinder sind im buchstäblichen Sinn ohnmächtig. Eltern sind »Herren über Leben und Tod«. Ein Kind kann tyrannischen Eltern weder physisch noch psychisch standhalten, nicht einmal seine Gedanken sind frei. Von der Macht der Eltern und Erwachsenen über Kinder berichten alte und neue Märchen, »Aschenputtel« und »Hänsel und Gretel« ebenso wie »Harry Potter«. Sie erzählen vom Leiden der Kinder, von ihrer Sehnsucht nach Erlösung und davon, wie sie erlöst werden. Der juristische Fachausdruck für die Macht der Eltern lautet »elterliche Gewalt«. An ihrem Missbrauch kann man die Totalität dieser Macht erkennen. Kinder sterben durch Gleichgültigkeit, Unbeherrschtheit, Willkür oder Sadismus von Eltern oder sie verkümmern und verlöschen psychisch. Die Rechte der Kinder sind gesetzlich gesichert, werden aber selten eingeklagt. Die Familie gilt als Privatsphäre, es bedarf extremer Verhältnisse, ehe jemand wagt, diesen Raum zu betreten.

Die Macht der Eltern bedeutet aber auch Schutz der Kinder. Wenn eine Mutter ihr Kind ergreift, das gerade über eine belebte Straße laufen will, wirkt sich ihre Macht lebensrettend aus. Täglich nützen Eltern ihre Macht, um Kinder zu erziehen. Kinder fühlen sich geborgen, weil sie ihre Eltern als mächtig erleben. Die Welt birgt in den frühen Jahren reale Gefahren, aber auch irreale, weil Kinder in einem mythischen Bewusstsein leben. Die Macht der Eltern besitzt in den Augen von Kindern übermenschliche Dimensionen, sie kann auch den Fabelwesen, Räubern und Gestalten der Dunkelheit standhalten.

Die Macht von Eltern wandelt sich zu Autorität durch die Liebe zu ihren Kindern. Durch Liebe üben sie ihre Macht rechtmäßig aus. Ebenso legitimiert sich die Macht des Polizisten und wird zur Autorität, wenn er sie nutzt, um die Ordnung aufrechtzuerhalten und die Würde der Menschen zu schützen. Der Arzt gewinnt Macht durch sein medizinisches Können, die Macht des Experten, und wird zu einer Autorität durch seinen Willen zu heilen. Es gehört zu den folgenreichsten Irrtümern der Nachkriegszeit, dass Autorität Angst erzeuge. Rechtmäßig genutzte Macht, also Autorität, erzeugt keine Angst, sondern schafft Vertrauen. Der Mangel an Autorität führt zu Angst, Unsicherheit und Orientierungslosigkeit.

Das Aufwachsen von Kindern und Jugendlichen

in der Familie gleicht einer fortwährenden Auseinandersetzung um Macht. Die fünfzehnjährige Tochter und ihre Mutter sitzen sich in meinem Büro gegenüber wie zwei Kampfhähne. Ein Machtkampf entwickelt sich vor meinen Augen, der so nicht geplant war. Er folgte einem scheinbar friedlichen, allerdings sehr kühlen Gespräch. Die Mutter hatte ein Reizwort gebraucht, nächtliches Ausgehen, und eine scharfe Antwort ausgelöst, die die Grenze des Anstands beinahe überschritt. Ein Wort gab das andere. Vor mir spielte sich eine Szene ab, die sich wohl täglich mehrmals wiederholte. Meine Intervention beendete den Wortwechsel. Besonders der Tochter war blitzartig klar geworden, dass sie ihre Chancen gefährdete, ins Internat aufgenommen zu werden, wenn sie die Formen der Höflichkeit nicht wahrte. Das Internat sah sie als einen Weg, dem Regiment der Mutter zu entfliehen.

Schon kleine Kinder stellen den Führungsanspruch der Eltern infrage. Sie schreien, schlagen um sich, werfen sich auf den Boden und sind nicht zimperlich bei der Wortwahl, sobald sie der Sprache mächtig sind. Sie wollen ihren Willen gegen die Macht der Mutter oder des Vaters durchsetzen. In der Pubertät bricht dieser Machtkampf erneut offen aus, nachdem einige Jahre zwischen der Trotzphase in frühen Jahren und dem Anspruch auf mehr Autonomie in der Pubertät ruhiger verlaufen sind. Die Pubertierenden interpretieren diese Zeit als die Phase, in der die Eltern schwierig werden, die Eltern sehen das umgekehrt. Die geringe Übereinstimmung der Sichtweisen erschwert die Situation.

Die Auseinandersetzung um Macht findet auch außerhalb der Familie statt. Ein neuer Lehrer betritt den Raum einer Mittelstufenklasse zu Beginn des Schuljahres. Die Art seines Auftretens entscheidet über das Machtverhältnis der nächsten Zeit in der Klasse. Der neue Lehrer ist gut beraten, wenn er seine Machtposition gleich am Anfang deutlich markiert. Die Schüler erwarten einen Lehrer, der weiß, was er will, der Konflikte nicht scheut und seinen klaren Führungsanspruch geltend macht. Zugleich erwarten sie einen Lehrer, der deutlich zu erkennen gibt, dass er aus Fürsorge seinen Führungsanspruch erhebt, dass die Liebe zu Jugendlichen das Motiv seines Handelns ist und dass sich dadurch seine Macht zu Autorität wandelt. Er muss aber wissen: Liebe allein genügt nicht. Es ist kein partnerschaftliches Verhältnis. Versäumt er es, sich klar zu positionieren und seine Macht zu etablieren, kann im schlimmsten Fall seine Autorität für das ganze Schuljahr infrage stehen. Schüler nutzen unbarmherzig Schwächen aus, die sie bei Lehrern entdecken. Noch als Väter und Großväter berichten sie stolz, wie sie Lehrer »fertig gemacht« hätten. Es wird einem Lehrer nicht verziehen, wenn er den Machtkampf verliert.

»Hanno Buddenbrook saß vornübergebeugt und rang unter dem Tische die Hände. Das B, der Buchstabe B war an der Reihe! Gleich würde sein Name ertönen, und er würde aufstehen und nicht eine Zeile wissen, und es würde einen Skandal geben, eine laute, schreckliche Katastrophe ...« Die Katastrophe trat später in der Stunde ein. »›Buddenbrook!‹ – Doktor Mantelsack hatte ›Buddenbrook‹ gesagt, der Schall war noch in der Luft, und dennoch glaubte Hanno nicht daran. Ein Sausen war in seinen Ohren entstanden. Er blieb sitzen.« Der ironisch gefärbte Bannstrahl des Lehrers geht auf ihn nieder. »Gut, also es sollte so sein. So hatte es kommen müssen (...) Ob es wohl ein sehr großes Gebrüll geben würde? Er stand auf und war im Begriffe, eine unsinnige und lächerliche Entschuldigung vorzubringen, zu sagen, dass er ›vergessen‹ habe, die Verse zu lernen, als er plötzlich gewahrte, dass sein Vordermann ihm das offene Buch hinhielt.«

Thomas Mann beschreibt in seinem Roman »Buddenbrooks« einen Unterrichtsvormittag an dem ehrwürdigen humanistischen Gymnasium der Hansestadt Lübeck. Anschaulich und voller Komik berichtet er, wie Lehrer und Schüler um Anerkennung ringen, wie die Lehrer ihre Machtmittel erfolgreich oder erfolglos einsetzen und wie die Schüler mit den Mitteln der Abhängigen reagieren, also mit Tricks und Sabotage. Liebe und Fürsorge werden in diesem System nicht sichtbar. Zeitlos ist dieses Kapitel, weil der Struktur nach auch heute die Auseinandersetzung um Macht im Klassenzimmer ähnlich verläuft, wenn die Liebe und Fürsorge des Lehrers nicht erkennbar werden. Dieses Kapitel ist ein Meisterstück erzählender Psychologie, in dem die institutionelle Verformung der Lehrer/Schüler-Beziehungen durch Macht ohne Liebe offenbar wird.

Die Erziehenden waren in der Wahl der Mittel zur Durchsetzung ihrer Macht in der Geschichte der Erziehung nicht zimperlich. Kinder und Jugendliche zu schlagen, zu demütigen oder zu beschämen gehörte einmal zu den legitimen Erziehungsmitteln; es waren Variationen des An-den-Pranger-Stellens im Mittelalter und in der pädagogischen Praxis durchaus üblich. Martin Luther wurde nach seiner eigenen Darstellung Latein im wörtlichen Sinn »eingebläut«. Eine halbe Stunde mit dem Gesicht zur Wand in der Ecke stehen war in meiner Kindheit die harmloseste Form der Demütigung. Als letzte Errungenschaft einer aufgeklärten Gesellschaft konnten wir das Verbot der Prügelstrafe begrüßen, die in den sechziger Jahren in Deutschland und erst in den achtziger Jahren in England abgeschafft wurde. An englischen Internaten, mit denen wir Schüleraustausch pflegten, war es bis Ende der siebziger Jahre Usus, dass der Schulleiter Jungen, die geraucht hatten, sechs Stockschläge verabreichte. Mädchen wurden von körperlichen Strafen ausgenommen.

Erziehungsmittel der beschriebenen Art sind zu allen Zeiten unzulässig. Nie darf ein Kind gedemütigt oder geschlagen werden. Die Schlussfolgerung ist aber falsch, dass Autorität in der Erziehung unzulässig sei, weil der schwache Lehrer oder Erzieher solche Mittel anwenden könnte. Schwache Lehrer üben nur Macht und keine Autorität aus.

Die Machtverhältnisse waren in früheren Zeiten klar geregelt. Rechtlich ist das auch heute der Fall. Aber in den Köpfen von Eltern, Lehrern, Erziehern und jungen Menschen hat sich vieles verändert. Die Generation nach 1968, insbesondere ihre ideologischen Vorreiter, interpretierten das Machtgefälle zwischen Erwachsenen und Kindern als Erfahrungsvorsprung. Entsprechend sollten die Methoden der Erziehung jeden Anschein vermeiden, es könne sich bei Erziehung um Durchsetzung von Macht handeln. Alle Begriffe, die an ein Machtgefälle erinnern konnten, wurden geächtet. Autorität, Gehorsam, Unterordnung und Disziplin verfielen diesem Verdikt. Erstaunlicherweise fanden diese Auffassungen Eingang in die bürgerliche Gesellschaft, obwohl sie sich mit der linken Herkunft solchen Denkens schwertat. Ich selbst, durchaus biederer bürgerlicher Gesinnung, blieb vom träumerischen Gedanken einer freien Erziehung nicht unberührt. Mit der antiautoritären Bewegung konnte ich mich nie anfreunden, weil sie zu viele Torheiten anthropologischer und praktischer Natur propagierte. Aber die Vorstellung, vornehmlich auf die Kräfte der Selbstbestimmung bei Jugendlichen zu setzen, entsprach einer Neigung zur Romantik, die unter Pädagogen durchaus verbreitet ist.

Seit dieser Zeit haben Begriffe wie Autorität und Gehorsam auch unter konservativ gesinnten Bürgern ihre selbstverständliche Geltung verloren. Es blieb aber nicht bei theoretischen Zweifeln. Autorität und Gehorsam verloren ihre unangefochtene Gültigkeit vor allem in der Praxis. Als Folge müssen wir heute feststellen, dass Eltern, Lehrer und Erzieher in ihrem alltäglichen pädagogischen Geschäft nicht mehr selbstbewusst als Autorität auftreten, nicht selbstverständlich Gehorsam fordern und daher Disziplin im Alltag kleingeschrieben wird. Wer es trotzdem tut, macht sich autoritärer Erziehung verdächtig. Die Folgen dieser Haltung sind verheerend. Sie bestimmt den Erziehungsstil in Familien, Schulen und anderen pädagogischen Einrichtungen.

Jugendliche sehnen sich nach Autorität. Sie brauchen die Autorität von Erwachsenen, die ihnen Orientierung und Halt geben, die ihnen Vorbilder sind, die ihnen hohe Ziele vorgeben und Grenzen setzen, aber sie gleichzeitig ermutigen, die Grenzen zu überschreiten. Der Widerstand gegen Autorität führt in die Selbstständigkeit, man könnte die Bereitschaft und Fähigkeit zum Widerstand als erste Zeichen von Charakter ansehen. Wer Selbstbestimmung lernen will, muss Unterordnung gelernt haben. Wenn Jugendliche in der Zeit des Umbruchs, der Pubertät, die auch die Zeit der Selbstentdeckung und Selbstfindung ist, keiner Autorität begegnen, mit der sie sich auseinandersetzen können, bleibt dieser Prozess kraftlos, weil den Jugendlichen ein Gegenüber fehlt, an dem sie sich reiben, an dem sie aber auch wachsen können.

Eltern müssen zu der Macht und Verantwortung »ja« sagen, die ihnen mit der Geburt oder Adoption von Kindern zuwächst. Sie dürfen diese Macht nicht relativieren, indem sie früh ein partnerschaftliches Verhältnis zu ihrem Kind anstreben. Kinder haben ein Recht auf einen klaren Machtanspruch von Eltern, legitimiert durch ihre Liebe, also auf Autorität. Nur dann kann das Geschäft der Erziehung gelingen, wenn Eltern solche Autorität auch ausüben.

Jede Generation von Babys gleiche einem Einfall von Barbaren, hat Sigmund Freud einmal festgestellt. Ihnen mangelt es an Kultur, Einsichtsfähigkeit und Disziplin. Zu ihrer Kultivierung bedarf es einer klaren Autorität und der Bereitschaft, Unterordnung zu fordern. Als einziges Mittel, sich der Macht und der Autorität der Eltern zu erwehren, setzen Babys das Schreien ein. Wenn das Baby durch Schreien zur Unzeit Ansprüche anmeldet, sollten seine Eltern ihre rechtmäßige Macht nutzen und gelassen reagieren. Wenn das Schreien aber Schmerz oder Angst signalisiert, ist natürlich jede Zuwendung richtig. Erfahrene Eltern entwickeln ein Gespür dafür, wie die Äußerungen des Babys zu deuten sind. Es bedarf einigen Standvermögens von Eltern, nicht gleich liebend hinzuzuspringen, auch wenn das Verhalten als kleine »Tyrannei« zu erkennen ist. Bei der Gratwanderung zwischen Disziplin und Liebe entscheiden sich Eltern heute sehr schnell für mehr Liebe. Aber gerade ihre Liebe würde eine strenge Haltung rechtfertigen. Die Rechnung zahlen sie sonst später.

Jugendliche wollen heute Autorität nur anerkennen, wenn sie authentisch wirkt. Wer als Lehrer Unterordnung und Gehorsam fordert, muss nach ihrer Meinung durch Kompetenz, Ausstrahlung und moralische Integrität seine Autorität begründen und rechtfertigen. Sie wollen Charismatiker als Lehrer, als Erzieher und am liebsten auch als Eltern. Schüler müssen sich jedoch auch Lehrern unterordnen, die durch ihre Persönlichkeit den Anspruch auf Autorität nicht einlösen können. Das kann nur gelingen, wenn diesen Lehrern eine Art Amtsautorität zukommt, die ihnen Respekt verschafft und ihre Würde schützt. Darüber hinaus müssen die Lehrer wiederum zu dieser Amtsautorität stehen. Sie dürfen keine Respektlosigkeit dulden. Wenn sich ein Schüler im Ton vergreift, müssen sie den Vorfall der Schulleitung melden. So habe ich es als Leiter immer gefordert. Jeder Lehrer hat ein Recht auf Respekt. Die Institution Schule muss dafür sorgen, dass er gewahrt wird. Ein Lehrer muss selbstbewusst und würdig durch die Schule gehen und in jeder Klasse auftreten können, weil ihn die Achtung vor seiner Amtsautorität schützt.

Die Achtung vor der Autorität der Älteren, vor allem der Eltern, müssen wir Kindern und Jugendlichen abverlangen. Dem vierten der zehn Gebote, du sollst Vater und Mutter ehren, muss heute so dringend Geltung verschafft werden wie zu alttestamentarischen Zeiten, als die Würde und selbst das Überleben der Eltern gefährdet war. Wir nähern uns wieder diesen Zeiten, denn nicht nur die Achtung vor den Eltern, sondern vor den Älteren überhaupt wankt.

Wer Autorität besitzt, darf Respekt und Achtung erwarten, aber auch Gehorsam. Die Tugend des Gehorsams ist eine dienende Tugend oder auch Sekundärtugend, sie erhält ihren Wert erst durch den Zweck, dem sie dient. Primärtugenden wie Ehrlichkeit und Gerechtigkeit besitzen ihren Wert in sich selbst. Die Idee oder die höhere Ordnung, in deren Dienst sich Menschen stellen, verleiht der Tugend des Gehorsams ihren Rang. Unter den Nationalsozialisten hat sich das deutsche Volk in den Dienst einer menschenverachtenden Idee gestellt, den Gehorsam selbst zum Ziel der Erziehung erklärt und die Tugend des Gehorsams des Adels beraubt, den ihr die Autoritäten unserer Kultur von Sokrates über Jesus Christus bis zu Dietrich Bonhoeffer verliehen haben.

Gehorsam verlor in den letzten vierzig Jahren jedes Ansehen in der Pädagogik, aber nicht in der Armee, nicht in den Rettungsdiensten und nicht im Sport. Eine Feuerwehr wird ihre Aufgabe nicht erfüllen können, wenn ihre Mitglieder nicht den Befehlen des Einsatzleiters gehorchen. Selbst in den Blütezeiten der antiautoritären Erziehung habe ich nie erlebt, dass Schüler in der schuleigenen Feuerwehr auch nur einen Augenblick an der Notwendigkeit von Autorität und Gehorsam zweifelten. Außerhalb der Feuerwehr verhielten sie sich wie andere Jugendliche. Dasselbe gilt für die Autorität des Schiedsrichters und den Gehorsam, den die Mannschaft ihm schuldet. Der Verfall der Moral im Sport beginnt immer dann, wenn Mannschaftsmitglieder die Entscheidungen des Schiedsrichters infrage stellen, ihn beschimpfen und damit seine Amtsautorität untergraben.

Es gibt in jeder Demokratie vereinbarte Bereiche, in denen Gehorsam legitim ist. Darunter zählen auch Einrichtungen der Bildung und Erziehung. Alle Einrichtungen der Bildung und Erziehung, auch die Familie soll hier als eine solche Einrichtung gelten, beruhen auf dem Prinzip der Unterordnung unter eine Autorität. Der Begriff der antiautoritären Erziehung war schon deswegen absurd, weil Erziehung ohne Autorität keine Erziehung ist. Die Autorität legitimiert sich in der Familie durch die von Natur aus bestehende Fürsorge der Eltern für ihre Kinder und deren Hilflosigkeit und Unfähigkeit zum selbstständigen Überleben. In allen Einrichtungen müssen sich die Jüngeren den Älteren unterordnen, in der frühen Kindheit total und auch ohne Einsicht, mit fortschreitendem Alter zunehmend mit Einsicht, auf der Universität idealerweise nur noch durch Einsicht. Für die Kindheit und partiell für die Jugendzeit bezeichnet »gehorchen« die angemessene Antwort auf die Anweisungen der zuständigen Autorität. Gehorsam solcher Art entspricht der Würde der Erwachsenen, weil die Person, die Autorität ausübt, ebenso ein Recht auf Würde besitzt wie der, der sich unterordnen muss. Weil Gehorsam in den letzten Jahrzehnten umstritten war und Jugendliche daher nur gehorchen wollten, wenn sie es einsahen, stand die Würde von Eltern, Erziehern und Lehrern auf dem Spiel. Ihr Leiden an diesem Verlust findet allmählich barmherzige Aufmerksamkeit in der Öffentlichkeit, nachdem über Jahrzehnte nur das Leiden von Kindern und Jugendlichen unter der Autorität von Erwachsenen thematisiert wurde. Es ist aber ein Missverständnis und eine Verkennung der Natur des Menschen, dass Gehorsam eines Kindes oder Jugendlichen mit seiner Würde nicht vereinbar sei.

Das private und öffentliche pädagogische Gewissen ist nach 1968 so geschärft, dass Kinder und Jugendliche vor Willkür und Unterdrückung besser geschützt sind als jemals zuvor in der Geschichte. Den Missbrauch von elterlicher Gewalt oder der »Macht« von Lehrern können wir durch Aufmerksamkeit und beherztes Eingreifen verhindern, aber nicht dadurch, dass wir Kindern und Jugendlichen erlauben, nach Belieben zu gehorchen. Umgekehrt, wenn die Würde der Erwachsenen nicht gewahrt wird, werden am Ende Kinder und Jugendliche den Schaden haben, denn sie brauchen würdige Vorbilder als Eltern, Erzieher und Lehrer und nicht hilflose Erwachsene, die um ihr Ansehen und ihre Autorität ringen.

Ein ungestörtes Verhältnis zu Disziplin und zu Gehorsam werden wir erst gewinnen, wenn wir das Machtgefälle zwischen Eltern, Erziehern und Lehrern zu Kindern und Jugendlichen ohne Vorbehalte anerkennen. Ein möglicher Missbrauch darf kein Einwand sein. Wir müssen uns dazu durchringen, legitime Macht als Autorität anzuerkennen, die Macht Gottes, die Macht des Staates und die Macht der Erziehungsberechtigten. Das Christentum besaß immer ein unbefangenes Verhältnis zur Macht. »Alle Obrigkeit kommt von Gott« (Römer 13,1), mit dieser Aussage des Apostels Paulus wurde jede staatliche Macht gerechtfertigt, was wir seit der NS-Diktatur nicht mehr akzeptieren können. Tyrannenmord war für einen Christen wie Graf von Moltke nicht zulässig, andere Christen unter den Widerstandskämpfern rangen sich zur Erlaubnis des Tyrannenmordes durch, es kostete sie aber oft Jahre eines inneren moralischen Kampfes. Ein aufgeklärtes Staatsverständnis wird heute Obrigkeit immer nur im Rahmen eines Rechtsstaats anerkennen. Wir dürfen uns am Vorbild der alten Demokratien orientieren, Frankreich, England und den Vereinigten Staaten. Sie kennen keine Zweifel an der legitimen Macht des Staates oder an der rechtmäßigen Macht von Eltern, von Lehrern und von Erziehern.

Wenn wir unsere Unschuld im Verhältnis zur Macht wiedergewonnen haben, werden wir auch unbefangen von Disziplin und Gehorsam sprechen können. Solche Unschuld gewinnen wir erst, wenn wir Macht nicht nur intellektuell als unverzichtbar in einem Gemeinwesen, aber doch immer als notwendiges Übel anerkennen, sondern wenn wir Macht emotional positiv besetzen können, was sich zum Beispiel darin äußern kann, dass man sich zur Freude an der Macht bekennt und niemanden wegen seiner Macht verdächtig ansieht.

Wir müssen noch einen weiten Weg gehen, bis wir in Deutschland legitime Macht, also Autorität, als prinzipiell gut und segensreich anerkennen und der mögliche oder tatsächliche Missbrauch von Macht für uns kein Einwand mehr ist. Denn die

Voraussetzung von jeder Autorität bildet Macht. Aber gerade die emotionale Akzeptanz von Macht wird die Voraussetzung dafür sein, dass wir uns mit der Selbstverständlichkeit von Autorität und Disziplin aussöhnen. Belehrung und theoretische Erkenntnis genügen nicht. Die guten Erfahrungen mit der Demokratie und dem legitimen Umgang mit der Macht in unserem Lande werden uns helfen, sie innerlich zu akzeptieren.

Disziplin wirkt heilend

Im Jahr 1882 wurde in Amerika ein zweijähriges Mädchen taubblind, das bis dahin glücklich in seiner Familie herangewachsen war. Die Eltern reagierten mit Mitleid und Fürsorge; sie versuchten, dem Mädchen jeden Wunsch zu erfüllen. Das führte bei ihr zu grenzenlosem Egoismus. Sie tyrannisierte ihre Familie durch Forderungen, Wünsche und Aggressionen. In ihrer Not stellten die Eltern eine ausgebildete Erzieherin ein, die die Situation schnell erkannte und in einem langwierigen, die letzten Kräfte aller Beteiligten beinahe überfordernden Erziehungsprozess die Unterwerfung dieses begabten Mädchens unter ihre Autorität durchsetzte. Dieser Prozess der Disziplinierung wurde begleitet von den Versuchen der Erzieherin, die schöpferische Begabung des Mädchens zu wecken. Das Experiment gelang, dem Gehorsam folgte die Entfaltung der Begabung, das Mädchen absolvierte 1904 erfolgreich ein Studium am Radcliffe College und wurde eine weltbekannte Autorin; es war Helen Keller.

Dieses mutige Experiment gelang, weil Anne Sullivan Macy, die Erzieherin, Helen liebte und die

Liebe sie legitimierte, Verzicht und Gehorsam von ihr zu fordern und phasenweise auch zu erzwingen. In dieser Geschichte einer unerhörten Disziplinierung liegt die ganze Wahrheit der Pädagogik, die Dialektik von Disziplin und Liebe zu einem Kind. Die Geschichte der Kindheit von Helen Keller führt ungewöhnlich klar und anschaulich vor Augen, dass und wie der Mangel an Disziplin ein ganzes Leben aus dem Lot bringen, ja ein Kind psychisch krank machen kann und wie ein Kind durch Disziplin den Weg in die Normalität zurückfindet.

Kinder verwahrlosen aus unterschiedlichen Gründen. Der Mangel an Liebe und Zuwendung, fehlende, gleichgültige, autoritäre, alkohol- oder drogenabhängige Eltern, desolate soziale Verhältnisse sind die »klassischen« Ursachen, warum Kinder und Jugendliche zu allen Zeiten liebes- und arbeitsunfähig wurden. Dann gibt es Kinder, die den Wohlstand nicht verkraften, weil sich ihnen, ähnlich wie Kindern aus asozialen Verhältnissen, niemand zuwendet, sie niemand streng an die Hand nimmt, sie durch die Welt der grenzenlosen Angebote führt und sie gegen die Anfechtungen des Überflusses wappnet; und weil sie nicht die ordnende Kraft bescheidener finanzieller Verhältnisse erfahren dürfen.

In den letzten Jahren hat sich ein Typus von Verwahrlosung verbreitet, der sich vor allem in einer schwer erträglichen, ich-zentrierten Anspruchshaltung äußert. Diese Kinder erfahren, wie Helen Keller vor dem Auftreten von Anne Sullivan Macy, zu viel Liebe und zu wenig Disziplin. Sie erwarten ständig Zuwendung, emotionale und materielle, und sie haben nicht gelernt zu verzichten. Sie leben nach der Formel »Ich. Alles. Sofort«, wie es der Pädagoge Wolfgang Harder anschaulich formuliert hat.

Diese Kinder wachsen in ganz geordneten Verhältnissen auf, es mangelt ihnen nicht an liebenden Eltern; aber sie kennen keine Grenzen und keine Forderungen, sie erleben nicht die wohltuende Wirkung von Disziplin und klarer Führung. Die Eltern, oft die überbetreuenden Mütter, ebnen den Kindern alle Wege und sind immer für sie da. Da wir Erziehenden als Kinder unserer deutschen pädagogischen Kultur Strenge, Härte, Disziplin und Verzicht nicht selbstverständlich als Mittel der Erziehung praktizieren und oft sogar ablehnen, wachsen die Kinder ohne pädagogische Konflikte auf, also ohne Konflikte, die durch Forderungen nach Disziplin entstehen.

Als Leiter eines Internats konnte ich über Jahrzehnte beobachten, dass Eltern aus dem Ausland, wie etwa aus Frankreich, England oder China, von einem Internat erwarteten, dass ihr Kind eine gute Erziehung genießt. Es sollte sich auch wohlfühlen; wenn es das nicht tat, dann war das bedauerlich, aber nicht zu ändern. Deutsche Eltern wollen natürlich auch eine gute Erziehung, aber vor allem soll sich das Kind wohlfühlen. Strenge Maßnahmen werden nur so lange akzeptiert, wie sie das Wohlgefühl des Kindes nicht stören. Deutsche Eltern geben schneller dem Drängen des Kindes nach, das Internat verlassen zu dürfen, wenn ihm zu viel Disziplin abverlangt wird.

Die sehr narzisstisch gefärbte Anspruchshaltung vieler Kinder und Jugendlicher ist eines der großen pädagogischen Ärgernisse der letzten Jahrzehnte. Mangelnde Anstrengungsbereitschaft, Spaßhaltung, Selbstmitleid und eine unstillbare Konsumgier prägen das Leben eines großen Teils der heranwachsenden Jugend. Alkohol, Drogen und Rauchen gehören zum Aufwachsen selbstverständlich dazu und tragen das Ihre zur weiteren Verwahrlosung bei. Der Gesetzgeber erlaubt Alkohol und Zigaretten ab sechzehn. Warum eigentlich? Ich habe noch nie eine plausible Erklärung für diese Gesetze gefunden außer unsere puddinghafte Pädagogik. Amerika, das Land der Freiheit, besitzt eine jugendgerechtere, nämlich schützende Gesetzgebung. Viele Kinder und Jugendliche würden vergnügter und zukunftsfroher aufwachsen, wenn sie in einem Ambiente aktiver Erziehung, die die Mittel der Disziplin nicht scheut, lernen und arbeiten dürften.

Pädagogische Einrichtungen für sogenannte schwererziehbare Kinder und Jugendliche wären gut beraten, wenn sie für ein Klima fürsorglicher

Strenge sorgen würden. Es sollten klare Regeln des Zusammenlebens herrschen. Zugleich sollten den Jugendlichen Aufgaben gestellt werden, die sie fordern. Sie sollten Spiele spielen, an denen sie die heilende Wirkung von Disziplin erfahren können. Die Teilnahme an allen Projekten, Spielen und Unternehmungen sollte verpflichtend sein.

Makarenko, der hochgeachtete Vorkämpfer sozialistischer Pädagogik in Russland, wurde in den ersten Jahren nach der Revolution von 1917 von der Partei beauftragt, Hunderttausende von verwahrlosten Kindern und Jugendlichen in großen Lagern zu ordentlichen, natürlich sozialistisch gesinnten Menschen zu erziehen. In jenen Jahren entsprach eine auf Selbstregulierung von Jugendlichen vertrauende Pädagogik dem Menschenbild des Sozialismus. Makarenko hat mit viel Herzblut, Geschick und Anstrengung versucht, diesen freiheitlichen Grundsätzen zu folgen und Jugendliche so zu erziehen, dass sie selbstständig in ihren Gemeinschaften ihr Leben regeln können. Er ist gescheitert. Schweren Herzens kehrte er zu traditionellen Wegen der Erziehung zurück. In seinem Buch »Der Weg ins Leben« schildert er seine Versuche freiheitlicher Erziehung und sein Scheitern.

Das sozialistische Menschenbild inspirierte auch die Bewegung der antiautoritären Erziehung der siebziger Jahre. Wie eine Art pädagogischer Heilslehre wurde Erziehung ohne eine Autorität, die formend auf Kinder wirkt, gepredigt. Es entwickelten sich Utopien von sich selbst bestimmenden Kindern und Jugendlichen in Kindergärten und sogenannten Freien Schulen. Erwachsene ließen Kinder und Jugendliche ohne Führung oder Bevormundung ihren Weg suchen. Alle Modelle verhedderten sich jedoch im Geflecht ihrer romantischen Prämissen und gingen ein. Viele Kinder und Jugendliche verloren die Orientierung und rutschten ohne Schulabschluss in die Arbeitslosigkeit oder gar in die Drogenszene. Geschützt waren sie nur in den scheinbar antiautoritären Einrichtungen, die von starken Persönlichkeiten geleitet wurden. Summerhill in England war ein solches Beispiel. Gegründet und geleitet von Alexander S. Neill, wurde diese Internatsschule zu einem pädagogischen Leuchtturm, das gewagte Modell einer Schule der Selbstbestimmung, basisdemokratisch, ohne Hierarchie, ohne Zwänge und Strafen. Summerhill war erfolgreich, die Ursache des Erfolges wurde aber nicht wahrgenommen – die charismatische Autorität des Leiters A. S. Neill, der durch seine patriarchalische Dauerpräsenz den Kindern Halt und Führung gab. Summerhill hat den Schritt in die zweite Generation, den Prüfstein jeder Neugründung, nicht geschafft, weil die Struktur von Summerhill eine starke Autorität an der Spitze brauchte, aber ein zweiter Neill sich nicht fand.

Die Prediger der antiautoritären Erziehung waren mit der Botschaft angetreten, Kinder und Jugendliche von den krank machenden Wirkungen der autoritären Erziehung zu befreien; sie haben die jungen Menschen aber vom Regen in die Traufe geführt. Denn die Nicht-Erziehung, die das Erbe der antiautoritären Erziehung antrat, führte zu neuen psychischen Verwirrungen, die junge Menschen auf neue Art liebes- und arbeitsunfähig machten, Sigmund Freuds Erkennungsmerkmale neurotischer Erkrankungen.

Viele psychische Erscheinungen bei Jugendlichen, die wir als krank diagnostizieren, entpuppen sich in vielen – nicht in allen – Fällen als Folge mangelnder klarer Führung und Disziplin. Unter den zahlreichen Beispielen meiner Internatstätigkeit will ich einen besonders plakativen Fall der »Heilung« durch Disziplin herausgreifen. Eines Tages wurde ein fünfzehnjähriger Junge zu mir geschickt, der trotz guter Begabung drohte in der neunten Klasse erneut sitzen zu bleiben. Ich sollte ihm mitteilen, dass er aufgrund seiner mangelnden Anstrengungsbereitschaft, seines Alkoholproblems und seiner insgesamt laschen Haltung die Schule verlassen müsse. An psychologischer Beratung hatte es nicht gemangelt, wir waren mit unserem Latein am Ende. Als er so reuig und hilflos vor mir saß, kam mir eine Idee. Ich sagte Folgendes: »Wenn du mir jetzt erklärst, dass du bereit bist, ein Jahr lang unsere strengste britische Internatsschule, ein sehr traditionelles Jungeninternat, zu besuchen, dann darfst du nach Salem zurückkehren.« Er sagte spontan Ja. Was er in England antraf, war eine hierarchisch geordnete Gemeinschaft, es herrschten Disziplin und Ordnung, Gehorsam galt als selbstverständlich, Schuluniform war verpflichtend, auf Regelübertretungen folgten Strafen, die Autorität der Erwachsenen, aber auch der Funktionäre der Schülermitverwaltung war unbestritten. Alle Aktivitäten in der Freizeit waren verpflichtend, der Tag begann mit einer Morgenandacht, an der alle teilnehmen mussten, ob christlichen, jüdischen oder islamischen Glaubens oder atheistisch. Die Schule entsprach dem Horrorbild einer pädagogischen Einrichtung, wie es die Prediger der antiautoritären Erziehung nicht schlimmer hätten an die Wand malen können.

Der Aufenthalt wurde eine Erfolgsgeschichte. Der Junge hörte auf zu trinken, wurde ein begeisterter Cross-Country-Läufer, er begann zu arbeiten, begeisterte sich für neue Sportarten, kurzum, aus einem psychisch angeschlagenen Jungen wurde ein junger Mann, der Erfolg hatte, der sich etwas zutraute und den viele Versuchungen nicht mehr erreichten, die ihn bislang vom geraden Weg abgebracht hatten. Er kehrte nach einem Jahr nach Salem zurück und ging seinen Weg erfolgreich bis zum Abitur.

Der Erziehungsstil an heutigen britischen Internaten erklärt den Erfolg. Humor, Ermutigung und Zuversicht begleiten die strenge Disziplin; außerdem herrscht ein Konsens unter Erwachsenen und Schülern, dass dieser pädagogische Weg der einzig richtige ist. Deutsche Familien und Internate schicken seit Jahren Jugendliche dorthin, denen es an Disziplin und Selbstdisziplin mangelt und die zum Teil Symptome in ihrem Verhalten zeigen, die die Erziehenden vor die Alternative stellen: psychologische Behandlung oder strenges Ambiente.

In der Nachkriegszeit hat in Deutschland ein Prozess begonnen, den ich die unheilvolle Psychologisierung der Pädagogik nenne. Wenn ein Kind in der Grundschule schwer lernt, geraten Eltern oft in Panik, weil sie fürchten, dass es die Voraussetzungen für das Gymnasium nicht erfüllen könnte. Ich greife einen Fall heraus, den ich begleitet habe. Die Eltern taten, was man in einem solchen Fall tut, sie suchten einen Psychologen auf. Es wurden Tests gemacht, die im Ergebnis bestätigten, dass das Kind im Gymnasium überfordert wäre. Die Eltern wurden verunsichert und verloren ihre Zuversicht. Rettung brachte die Grundschullehrerin, die an die Gymnasialfähigkeit des Kindes glaubte. Sie tat zwei Dinge. Sie forderte strenge Disziplin von dem Kind, die die Eltern nicht aufbrachten. Das Kind akzeptierte die Strenge, weil es sie als Fürsorge erfuhr. Die Lehrerin verzichtete auf psychologisch motiviertes »Verständnis«. Zugleich schönte sie die

Noten durch ungenaues Korrigieren der Klassenarbeiten, ohne dass das Kind es merkte. Dadurch konnte die Gymnasialempfehlung ausgesprochen werden. Die Lehrerin hatte erkannt, dass das Kind noch Zeit brauchte. Das Mädchen hat tatsächlich ein Abitur mit einem guten Schnitt gemacht. Übrigens habe ich im Laufe der Jahrzehnte eine ganze Reihe ähnlicher Fälle begleitet.

Ich wähle dieses Beispiel, weil es die Folgen eines übertriebenen Glaubens an die Psychologie zeigt. Die Eltern hätten auf die vielleicht verzögerte Entwicklung des Kindes vertrauen sollen, wie es die Lehrerin tat, sie hätten auf das Kind und die im Ganzen guten Bedingungen seines Aufwachsens setzen sollen. Stattdessen suchten sie ihr Heil in Prognosen der Psychologie. Diese Prognosen besitzen aber manchmal die Genauigkeit astrologischer Voraussagen. Eltern und Lehrer neigen schnell dazu, ein auffälliges Kind in psychologische Behandlung zu schicken, statt zu untersuchen, ob das Kind nicht durch zu viel Freiheit, Fürsorge, Ängstlichkeit der Eltern und Verwöhnung orientierungslos geworden ist. Psychologische Erkenntnisse hat man in der ersten Hälfte des letzten Jahrhunderts aus den Folgen autoritärer Erziehung gewonnen. Die Psychologie müsste sich heute um die psychischen Folgen der Nicht-Erziehung kümmern. Natürlich erkranken Kinder psychisch und bedürfen psychotherapeutischer Behandlung. Eltern, Lehrer oder Erzieher müssen jedoch entscheiden, ob Beratung angebracht ist. Die Maxime sollte gelten, dass Therapie erst einsetzen sollte, wenn alle pädagogischen Mittel erschöpft sind, also erst »nach England schicken«, und wenn das nicht hilft, zu den Mitteln der Psychologie greifen.

Wir müssen uns dem Problem stellen, dass wir in den letzten Jahrzehnten die Folgen der Nicht-Erziehung durch Psychologie auffangen wollten. Die Stunde der Psychologie hatte geschlagen, als die Erziehenden das Gleichgewicht zwischen Disziplin und Liebe zugunsten der Letzteren verschoben hatten. Die Psychologisierung der Pädagogik wurde als Humanisierung der Erziehung erlebt. Mangelnde Anstrengungsbereitschaft, Aggressionen und Konzentrationsstörungen fanden eine Erklärung durch die psychischen Modelle, die in verschiedenen psychologischen Schulen entwickelt wurden. Diese Erscheinungen mussten nicht mehr moralisch gedeutet werden. Der Zappelphilipp wurde als Aufmerksamkeits-Defizit-Syndrom neutralisiert, Arbeitsverweigerung als verkannte Hochbegabung akzeptabel, die Neigung zum Hänseln anderer durch Ich-Schwäche und Mangel an Liebe in der frühen Kindheit erklärt.

Wir sollten Kinder und Jugendliche als moralische Subjekte ernster nehmen und ihr Verhalten nicht zu schnell psychologisch erklären und damit entschuldigen. Wir müssen ihnen aber Hilfen anbieten, dem Konsumdruck widerstehen zu können. Wie oft haben wir in Salem den Konsum von Haschisch in den siebziger und achtziger Jahren psychologisch interpretiert, unendliche Gespräche geführt, Psychologen eingeschaltet und festgestellt, dass sich nichts änderte. Die Einführung der Urinprobe mit konsequenter Entlassung bei positivem Ergebnis widersprach der Psychologenmentalität, wirkte aber auf die Jugendlichen befreiend. Wir behandeln die Jugendlichen wie Erwachsene, wir legen die Entscheidung in ihre Hände. Wenn sie sich für Drogen entscheiden, droht die Entlassung. Die Wirkung der Maßnahme war frappierend. Zu 99 Prozent entscheiden sich die Jugendlichen gegen den Drogenkonsum, weil sie die drastischen Folgen fürchten. Wir sollten Jugendlichen diese Hilfen nicht vorenthalten. Das Verfahren unterscheidet sich nicht von den Alkohol- oder Geschwindigkeitskontrollen der Polizei im Verkehr.

Die Erkenntnisse der Psychologie können das Geschäft der Erziehung erleichtern und haben es häufig getan. Die Psychologie hat den Pädagogen Werkzeuge an die Hand gegeben, die sie in die Lage versetzen, das Verhalten von Kindern und Jugendlichen zu verstehen, Ursachen von Fehlverhalten besser zu interpretieren und mit differenzierten Maßnahmen zu reagieren, statt nur zu strafen. Die Psychologie wirkte so lange segensreich, wie sie souverän von Eltern, Lehrern und Erziehern als eine zusätzliche Hilfe zur Deutung kindlichen Verhaltens in Anspruch genommen wurde. Sie wurde aber zum Problem und erzeugte fragwürdige Folgen, wo sie zur normierenden Instanz wurde, weil Pädagogen sich in ihren Entscheidungen von psychologischen Deutungen und nicht von ihren eigenen Kenntnissen, ihrer Intuition und ihren Wertvorstellungen als Erziehende leiten ließen. Die psychologische Diagnose und die daraus sich ergebende Therapie verdrängten die bewährte pädagogische Praxis. Es gab noch in den neunziger Jahren Überlegungen, in allen Schulen Psychologen einzustellen, denen die Kinder anvertraut werden sollten, die mit den üblichen erzieherischen Maßnahmen nicht mehr zu erreichen waren. Es entwickelte sich zeitweise ein Glaube an die heilende Kraft der Psychologie. Man verkannte dabei völlig ihre begrenzte Rolle als Hilfswissenschaft für die pädagogische Praxis.

Wir finden allmählich zu einer Pädagogik zurück, die das Kind moralisch stärkt und nicht seine Schwächen erklärt und damit entschuldigt. Klare Führung, fürsorgliche Konsequenz und Disziplin können die Psychologie überflüssig machen. Wir sollten nicht so weit gehen wie die Erzieher und Lehrer in manchen englischen Internaten, denen man nachsagt, dass sie psychische Probleme durch Ignorieren lösen. Denn Psychologie, vor allem ihre ärztlichen Varianten Psychotherapie und Psychiatrie, sind unverzichtbar, wenn Kinder und Jugendliche psychisch krank werden. Hier stößt die Pädagogik an ihre Grenzen. Erziehende sollten in der Lage sein zu erkennen, wann der Psychotherapeut zurate gezogen werden muss.

Es gibt ermutigende Beispiele, wie Jugendliche durch gemeinsame Arbeit an einem Projekt unter fürsorglicher, aber strenger Führung Selbstvertrauen gewinnen können, dass sie Großes leisten und über sich hinauswachsen lässt. Simon Rattle, der Chef der Berliner Philharmoniker, und der Choreograf Royston Maldoom haben zusammen mit 250 Hauptschülern, vergessenen Kindern der Nation, das Ballett »Le Sacre du Printemps« von Strawinsky einstudiert und die Entstehung der Aufführung in dem Dokumentarfilm »Rhythm Is It« festgehalten. Das häufigste Wort, das der Choreograf verwendet, ist Disziplin, Disziplin als Voraussetzung dafür, dass Jugendliche das Vertrauen in ihre eigenen schöpferischen Fähigkeiten gewinnen. So ungeschützt kann ein Deutscher nicht von Disziplin sprechen. Der Zuschauer kann die Entstehung der Aufführung anschaulich verfolgen und beobachten, wie sie sich aus der Dialektik von harter Disziplin und liebender Zuwendung des Choreografen entwickelt, dessen Glaube an die Jugendlichen den Zuschauer mitreißt. Dieser Film erzählt, in welche Höhen Jugendliche geführt werden können, wenn jemand an sie glaubt, sie unnachgiebig fordert und sie sich in einer Gemeinschaft gegenseitig anstecken. Jeder, der pädagogisch tätig ist, muss diesen Film sehen. Er lehrt das Recht der Jugend auf Disziplin.

Man muss nicht immer über alles diskutieren

Vor Jahren nahm ein Engländer seine Arbeit als Erzieher und Lehrer in Salem auf. Für diese Tätigkeit hatte ihn eine britische Internatsschule eine Zeit lang beurlaubt. Nach drei Monaten zog er ein erstes Resümee: Er fühle sich in Salem nicht unwohl, die Schüler verhielten sich jedoch in einer Weise, die er aus britischen Internaten nicht kenne und die seine Arbeit nicht nur einmal, sondern mehrmals täglich unnötig belaste. Fordere er etwa Schüler auf, ihr Zimmer aufzuräumen oder den Mülleimer zu leeren, antworteten sie ihm: »Gleich« – genauso selbstverständlich und reflexartig, wie englische Schüler »Yes, Sir« sagten. Er habe lernen müssen, dass dies dazu diene, ihn zu beruhigen und Zeit zu gewinnen. In der Regel geschehe gar nichts. Oder aber die Schüler führten eine andere wichtige Verpflichtung ins Feld, die sie daran hindere, die Anweisung zu befolgen: »Ich muss aber …« laute dann die Standardantwort, und als Ausrede dafür, dass eine Pflicht nicht erfüllt werden konnte: »Ich musste aber …« Wenn er solche Antworten nicht akzeptiere, entwickle sich eine längere Diskussion, die völlig fruchtlos sei, weil der Schüler und er gebetsmühlenartig ihren Standpunkt vortrügen und es darauf ankomme, wer den längeren Atem habe. An britischen Internaten würde allein die Antwort »gleich« oder »ich muss aber« als unbotmäßiges Verhalten und Anfang von »Anarchie« gedeutet.

Was dem englischen Mentor in Salem auffiel, spielt sich auch tagtäglich in deutschen Familien ab. Die Äußerungen »gleich« oder »ich musste aber« sind dort wohlbekannt. Die Diskussionen um die kleinen Ordnungsfragen des Zusammenlebens beherrschen den pädagogischen Alltag. Sie stehlen Erwachsenen und Jugendlichen Zeit und Energie, sie zerren an den Nerven und machen das Geschäft der Erziehung unnötig anstrengend.

Kürzlich teilte ich mit einer Mutter und ihrem fünfjährigen Sohn ein Zugabteil. Der Junge benahm sich ungebärdig, trat laut fordernd auf und ignorierte die von seiner Mutter wortreich vorgetragenen Versuche, ihn zur Vernunft zu bringen. Ich habe mir die Diskussion zwischen Mutter und Sohn über die Fragen, wann er das Zimmer aufräumen, den Hund ausführen oder die vereinbarten Arbeiten im Haushalt übernehmen wolle, zehn Jahre später vorgestellt. Hätte ich ihr als junger, durchaus heiratswilliger Mann gegenübergesessen, wäre ich ins Nachdenken verfallen, ob ich nach einer Heirat den Herausforderungen, die die Erziehung von Kindern mit sich bringt, überhaupt gewachsen sei.

Ich bin in der frühen Nachkriegszeit groß geworden. Wenn ich damals auf Anweisungen meiner Mutter mit »warum« reagierte, erhielt ich zur Antwort: »Darum.« Wenn ich noch einmal widersprach, hieß es: »Jetzt werd' nicht frech!« Ihre Reaktionen waren herrlich irrational. Sie signalisierte schon durch die Wortwahl, dass sie nicht geneigt war, ihre Anweisungen zu begründen. Wir waren fünf Kinder, meine Mutter hätte den Tag nicht überlebt, wenn sie sich ständig auf Diskussionen eingelassen hätte. Sie war streng und trotzdem war sie eine liebende Mutter. Wenn es um wichtige Themen ging, nahm sie sich Zeit und sprach ausführlich mit uns. Meine Mutter hat das einzig Richtige getan, sie hat in Fragen täglicher Ordnung und Disziplin keine Widerrede und schon gar keine Diskussion zugelassen. Es war damals unnötig, die Ordnungsprobleme des Alltags zu diskutieren, und es ist heute unnötig.

Einer auf Autorität beruhenden Pädagogik der frühen Nachkriegszeit folgte nach 1968 die Neigung, Erziehung bis in die letzten Winkel der Kinderzimmer zu demokratisieren. Das Gespräch, die Verabredung, die Vereinbarung und die Diskussion bilden seither das Fundament der Erziehung. Eltern und Lehrer geben sich als Partner von Kindern und Jugendlichen, das natürliche Machtgefälle wird zugunsten eines vernünftigen Diskurses unter Gleichen aufgehoben. Eltern ließen sich – vor allem in den siebziger und achtziger Jahren – nicht mehr als Vater oder Mutter ansprechen, sondern mit Vornamen, in der einen oder anderen Schule duzten Schüler die Lehrer. Hierarchien wurden auf ein Minimum reduziert. Dieser demokratische Geist in der Erziehung ist inzwischen Gemeingut geworden, ein Stück deutscher pädagogischer Kultur, deren Kinder wir mehr oder minder alle sind. Gemeinsam ist allen die zu lobende Bemühung, Kinder und Jugendliche zu achten, sie nicht zu unterdrücken oder zu demütigen, sondern ihnen ein Umfeld zu schaffen, das ihr Aufwachsen fördert. Ebenso gemeinsam ist aber allen, ihren Anspruch auf Erziehung im täglichen Leben bis zu den kleinen Regelungen des Umgangs und Zusammenlebens zu rechtfertigen. Sekundärtugenden wie Ordnung, Fleiß, Pünktlichkeit oder höfliche Umgangsformen gelten nicht mehr selbstverständlich. Die Forderung nach Disziplin und Gehorsam gilt als undemokratisch und daher inhuman.

Wir haben das Leben von Kindern und Jugendlichen radikaler demokratisiert als das Leben der Erwachsenen. Von Erwachsenen wird im beruflichen Alltag erwartet, dass sie sich unterordnen, ob sie es einsehen oder nicht. In welchem Betrieb würde es einem Arbeitnehmer einfallen, eine Anordnung mit dem Meister oder Abteilungsleiter zu diskutieren? Man arbeitet mit Stechuhren, wer häufiger unpünktlich kommt, wird durch Lohnabzug bestraft. Disziplin und die Wahrung der Sekundärtugenden werden erwartet, Diskussionen über die Gültigkeit dieser Tugenden finden nicht statt.

In Salem absolvieren die Schüler der zehnten Klassen während des Schuljahrs ein Betriebspraktikum, das mindestens drei Wochen dauert. Unter den vielen neuen Erfahrungen, die sie dabei machen, ragt eine ganz besonders hervor: In den Betrieben gibt es klare Regeln, die nicht zur Diskussion stehen. Wer als Lehrling oder als Praktikant zweimal unpünktlich kommt, riskiert seine Ausbildungsstelle beziehungsweise seinen Praktikumsplatz. Da hilft kein »ich musste«. Solche Erfahrungen ersetzen viele Erklärungen und beweisen erneut, dass Lernen durch Erfahrung immer dem Lernen durch Belehrung überlegen ist.

Wenn die Schüler dann in die Welt der Schule zurückkehren, passen sie sich innerhalb von wenigen Wochen wieder der dort herrschenden Diskussionskultur an. Sie diskutieren mit den Lehrern, um eine Klassenarbeit zu verschieben, sie finden die Hausaufgaben zu viel und zu schwer, schlagen an schönen Tagen vor, den Unterricht nach draußen zu verlegen, sie handeln um Noten und sie beschweren sich, wenn der Lehrer ihrer Meinung nach wieder einmal ungerecht war. Sie kommen zum wiederholten Mal unpünktlich zum Unterricht und der Lehrer muss ihnen zum hundertsten Mal einen Vortrag darüber halten, dass Pünktlichkeit das Leben und Arbeiten erleichtert. Diskussion, Diskussion, Diskussion. An die Stelle der Erziehung ist längst die Diskussion getreten.

Demokratie wird absurd und zur Belastung, wenn alles immer neu verhandelt wird. Denn die Verhandlungen und Diskussionen dienen nicht einer Verbesserung der Regeln und geltenden Normen, vielmehr wollen Kinder und Jugendliche diskutieren, weil sie keine Lust haben, ihr Zimmer aufzuräumen, Zähne zu putzen oder die Spülmaschine einzuräumen. Egoismus ist die eigentliche Triebfeder. Statt dem naturgegebenen Egoismus der Kinder zu begegnen, indem wir sie zur Erfüllung ihrer Pflichten anhalten, bestärken wir sie in ihrer egoistischen Haltung, weil wir ihre Versuche zulassen, durch Diskussion fortwährend ihr Recht einzufordern.

Am Beispiel der Schülermitverwaltung lässt sich gut zeigen, wie nachteilig sich demokratische Strukturen aufgrund der Unreife von Kindern und Jugendlichen auswirken können. Besonders an Internaten bildet die Schülermitverwaltung das Fundament politischer Bildung. In einer »Gemeinschaft von Lehrenden und Lernenden« können sich alle an der gemeinsamen Regelung der gemeinsamen Verhältnisse beteiligen – nichts anderes ist Politik.

In Salem leben fünfzehn bis zwanzig Mädchen oder Jungen in Gruppen zusammen. Sie wählen eine ältere Schülerin oder einen älteren Schüler, die/der mit einem Lehrer die jeweilige Gruppe betreut. Der Lehrer, der immer zugleich auch Erzieher ist, erfüllt seine Aufgabe umso besser, je mehr Verantwortung er an den »Helfer«, so heißt die Position des führenden Schülers, delegiert. Die Helfer wiederum bilden zusammen mit den verantwortlichen Lehrern ein kleines »Parlament«, in dem sie über alle Belange der Gemeinschaft diskutieren und Entscheidungen verabschieden. Nur der Schulleiter hat das Recht, durch sein Veto die Umsetzung dieser Maßnahmen oder Regelungen zu verhindern. An der Spitze der Schülermitverwaltung stehen zwei Schulsprecher, die direkt gewählt werden. Schulsprecher und Helfer genießen innerhalb der Internatsschule hohes Ansehen.

Im »alten« Salem wurden Schulsprecher und Helfer vom Leiter ernannt, es galt ein monarchistisches Prinzip. Seit 1970 werden sie von den Schülern gewählt. Diese Demokratisierung wird als Fortschritt interpretiert, weil seither die Gewalt vom »Volk« ausgeht. Man versprach sich von dieser Umstellung, dass Schüler dadurch eher eine demokratische Mentalität entwickeln können, weil das Wahlsystem unsere bundesrepublikanische politische Wirklichkeit widerspiegle, das System der Ernennung gehöre einer vergangenen Epoche an. Außerdem entsprach die Demokratisierung dem Zeitgeist.

Die unterschiedlichen Verfahren, die maßgebenden Positionen zu besetzen, führen zu unterschiedlichen Wirkungen. Während Schüler, die vom Schulleiter *ernannt* werden, sich als Vertreter der Institution verstehen und ihre Pflicht darin sehen, die Regeln, Anweisungen und Ordnungsvorstellungen der Institution, die sie ernannt hat, auszuführen, sehen die *gewählten* Schüler es als ihre Aufgabe an, die Interessen von denjenigen zu vertreten, die ihnen ihre Stimme gegeben haben. Die Regel, das Bett nach dem Aufstehen zu machen oder zu einer bestimmten Uhrzeit im Bett zu sein, die Rauch- und Trinkverbote wurden im »alten System« von den Helfern erfolgreich kontrolliert, weil sie ihr Mandat nicht von denen erhielten, die sie kontrollieren sollten. Die *gewählten* Schüler hingegen glauben, ihren Auftrag dann gut zu erfüllen, wenn sie sich für mehr Freiheiten und Privilegien, also für die Lockerung von Regeln aller Art einsetzen, das reicht von der Zubettgehzeit bis zum Umgang mit Alkohol. Mit der Vermehrung der Rechte aber korrespondiert nicht automatisch die Bereitschaft, entsprechend die Pflichten zu vermehren. Es kam ganz selten vor, dass ein Schüler souverän genug war, für Pflichten, für Einschränkungen oder für schärfere Maßnahmen zur Durchsetzung bestehender Regeln einzutreten.

Wenn ich mehr Disziplin in dem einen oder anderen Bereich forderte, konnte ich sicher sein, dass ich keine Verbündeten unter den Verantwortlichen fand. Das System produziert eine Gewerkschaftsmentalität, es fördert Egoismus und Spaßhaltung. Die Schüler lernen Politik als die Kunst, ihre Rechte, ihre Vorteile, ihre Freiheiten und ihre Bequemlichkeiten durchzusetzen. Der oft zitierte Satz des amerikanischen Präsidenten Kennedy »Frage nicht, was Amerika für dich tun kann, sondern frage, was du für Amerika tun kannst« bleibt diesen jungen Menschen, die schon von klein auf gelernt haben, ihre Interessen in den Vordergrund zu stellen, fremd. Unsere demokratische Schülermitverwaltung schult sie zusätzlich, ihre Intelligenz und Energie für diese Eigeninteressen einzusetzen.

In der Schülermitverwaltung gibt es keine Parteien, die gegensätzliche Interessen vertreten und durch Auseinandersetzung einen Interessenausgleich suchen. Die Schülermitverwaltung kennt nur eine Partei, es ist die Partei der vermeintlichen Interessen der Schüler. Es entspricht der Unreife von Schülern, dass ihre Interessen weitgehend Spaßinteressen bleiben. Dafür sind sie jung, dass sie so denken dürfen.

Das demokratische System der Schülermitverwaltung produziert darüber hinaus sogar Zwänge zur Befriedigung der Bedürfnisse der Spaßgesellschaft. Die in ihre Ämter gewählten Schüler stehen unter dem Druck, Feste zu gestalten, die im Wesentlichen vom Alkoholkonsum leben, weil sie von keiner konstruktiven Idee getragen werden. Auch die an deutschen Gymnasien in Mode gekommenen mehrtägigen Fahrten nach dem Abitur an scheinbar attraktive Orte werden von der Schülermitverwaltung geplant. Der Erfolg der Schülermitverwaltung wird letztlich daran gemessen, wie viel Spaß sie für die Schüler organisiert. Wenn diese Bilanz gut ist, dann werden auch andere Maßnahmen akzeptiert, die die Erfüllung von bestimmten Pflichten nach sich ziehen.

Eine Schülermitverwaltung kann nur gelingen, wenn die Schulsprecher und Helfer die rechte Mitte auf der Gratwanderung zwischen Vertrauen und Kontrolle finden. Sie müssen den Mut haben zu kontrollieren und die Erfüllung von Pflichten zu verlangen. Dies aber würde bedeuten, dass sie bereit wären, Mitschüler anzuzeigen, die Regeln übertreten. Das wird in Deutschland als Denunziation angesehen, in England hingegen zieht der durch sein Amt legitimierte *Prefect* Mitschüler, die Regeln übertreten, zur Rechenschaft, manchmal zeigt er sie auch an. Ich habe einmal vor zwanzig Jahren erlebt, dass ein Schulsprecher fünf Schüler anzeigte, die Drogen in die Schule gebracht hatten. Alle fünf wurden entlassen. Der Schulsprecher war ein selbstbewusster junger Mann, der glaubte, die Gemeinschaft schützen zu müssen. Er war in Jahrzehnten eine Ausnahme.

Niemandem in den alten Demokratien Frankreich, England oder den Vereinigten Staaten würde es einfallen, in der Schule eine auf Wahl beruhende Schülermitverwaltung zu installieren. Weil unsere Demokratie noch jung und durch unsere Geschichte geschwächt ist, mussten wir erst Erfahrungen sammeln und zahlen heute das Lehrgeld. Wir sind der verführerischen Meinung erlegen, dass Jugendliche Freiheit erwerben, wenn man ihnen früh Freiheit gewährt. Freiheit ist aber die späte Frucht von langwierigen Perioden der Selbstüberwindung, der mühsamen Umwandlung von Disziplin in Selbstdisziplin. Freiheit ist kein Zustand, den man gewährt.

Wir müssen nun, knapp vierzig Jahre später, erkennen, dass dieser Weg gescheitert ist. Auch ich habe lange an eine Erziehung zur Demokratie durch frühe Demokratisierung der Schüler geglaubt. Inzwischen vertrete ich die Auffassung, dass Internate wie Salem mit einer demokratischen Schülermitverwaltung unregierbar sind.

Das Beispiel Großbritannien zeigt, dass es anders viel besser funktioniert. An britischen Internaten herrscht ein größerer Gemeinschaftsgeist, weil Egoismus und Individualismus nicht durch das System legitimiert werden. Erziehung ist nur erfolgreich, wenn sie die zum Egoismus neigende menschliche Natur gegen den Strich bürstet. Das leistet unser derzeitiges deutsches Erziehungssystem nicht.

Wenn Deutsche amerikanische Elite-Internate besuchen, irritieren sie die Einschränkungen, denen sich amerikanische Schüler unterwerfen: rigide Schließzeiten der Häuser, harte Regeln und Sanktionen beim Umgang mit Alkohol und Zigaretten, hohe Leistungsanforderungen, Unterordnung unter die geschriebenen und ungeschriebenen Gesetze. Diese auf uns autoritär wirkende Erziehung verbindet sich mit einem heiteren und lockeren Lebensstil, die Schüler treten selbstbewusst auf und sind stärker am Gemeinwohl orientiert als bei uns.

Und noch etwas: Die führenden Schüler in britischen Internaten besitzen Privilegien. Wenn ein Schüler im Rang eines Helfers einen jüngeren Schüler rauchen sieht und nicht einschreitet, verliert er sein Amt und die damit verbundenen Privilegien. Auch die Tatsache, dass ein Amt mit Privilegien verbunden ist, widerspricht den Vorstellungen der Deutschen von Demokratie. Schüler in verantwortlichen Positionen brauchen sich beim Essen nicht in die Warteschlange einzureihen, sie besitzen eigene Aufenthaltsräume, ihnen sind sogar Eingänge in den repräsentativen Hauptgebäuden reserviert. Diese Aufzählung ließe sich noch weiter fortführen. Ich bin ein Befürworter des angelsächsischen Systems, weil es dem menschlichen Bedürfnis nach Hierarchie, nach damit verbundenen Vorteilen und nach ein wenig Glanz entspricht. Angelsachsen betrachten die menschliche Natur pragmatisch, wir

Deutsche sehr idealistisch. Der Vorwurf, an englischen Internaten würden die Jüngeren unterdrückt, gilt heute nicht mehr. Dass aber die Jüngeren Respekt vor Älteren haben und dieser Respekt institutionell verankert ist, wirkt sich segensreich im Alltag aus.

Auch in der Familie sollten wir Konsequenzen aus den Erfahrungen der letzten Jahrzehnte ziehen und entschlossen aufhören, die kleinen Ordnungsfragen des Alltags, die Umgangsformen oder die Pflichten zu diskutieren. Durch die weitgehende Demokratisierung der Erziehung überfordern wir unsere Kinder und Jugendlichen. Wir haben Jugendlichen demokratisches Denken und Handeln abverlangt, bevor sie entwicklungspsychologisch die innere Reife besitzen konnten, die zu mündigen Urteilen befähigt. Demokratie setzt ein hohes Maß an Selbstdisziplin voraus, das Kinder und Jugendliche erst allmählich erwerben. Von Fünfzehnjährigen zu erwarten, dass sie das für sie und die Gemeinschaft Richtige erkennen und dann auch durchsetzen können, ist unrealistisch. Mut oder Zivilcourage ist eine Tugend, die Menschen selten angeboren ist; man erwirbt sie wie alle Tugenden in mühsamen Prozessen des Aufwachsens. Die Bedingungen dafür müssen kind- und jugendgemäß sein.

Uns fehlen die Vorbilder in der Erziehung. Die heute erziehende Generation von Eltern, Lehrern und Erziehern kennt nur den demokratischen Erziehungsstil, sie ist selbst diskutierend aufgewachsen und steht allem reserviert, ja ablehnend gegenüber, was nach Führung, Autorität oder Disziplin riecht. Wir brauchen in Deutschland eine Wende in der Erziehung, eine Wende hin zu einem pragmatischen und weg von einem idealistischen Bild von Kindern und Jugendlichen. Familien und Schulen, die den Mut besitzen, wieder mehr Führung zum Prinzip der Erziehung zu erklären, setzen sich an die Spitze des pädagogischen Fortschritts.

Unordnung bringt frühes Leid

Vor Jahren stießen über dem Bodensee zwei Flugzeuge zusammen. Teile der Flugzeuge stürzten in der Nähe von Schloss Spetzgart nieder, dem Sitz der Oberstufe Salems. Bei den Schülern wie auch bei den Menschen der Region löste das Unglück tiefe psychische Irritationen und Trauer aus. Die Identifikation mit den Opfern war auch deshalb so hoch, weil alle es als Wunder betrachteten, dass niemand aus der Region sterben musste. In dieser Trauer besannen sich viele auf die Einrichtungen, die Rituale bereithalten, mit deren Hilfe Menschen ihre Trauer verarbeiten und Ruhe finden können, nämlich die Kirchen.

So war es immer in Salem: Wenn ein Mädchen oder Junge starb, versammelten wir uns im Münster innerhalb der Klostermauern. Die Riten und Liturgien, die Kirchenlieder und bachschen Kantaten taten der Seele gut. Sie geben Menschen Halt, denen der Tod begegnet, ob sie gläubig sind oder nicht. In existenziellen Situationen suchen Menschen Formen und Ordnungen, in denen sie aufgehoben sind, aber auch das objektiv geringe, subjektiv jedoch übermächtig erlebte Leid braucht einen bergenden Halt.

»Ihr Glück, wie ihr Schmerz, ist ohne Verstand«, so beschreibt Thomas Mann in seiner Erzählung »Unordnung und frühes Leid« die Gemütsverfassung des zauberhaften kleinen Mädchens, dessen seelisches Gleichgewicht aus dem Lot geraten war, weil sie auf einer häuslichen Tanzgesellschaft ihrer älteren Geschwister einem Freund ihrer Schwester in kindlicher »Liebe« verfiel. Mit Worten war diesem Leid nicht beizukommen. Erst das Erscheinen des Gastes am Bett des Kindes brachte Trost und ruhigen Schlaf. »Welch ein Glück (...), dass so eine Kindernacht zwischen Tag und Tag einen tiefen und breiten Abgrund bildet.« Die störende Unruhe verblasste, die Gestalt des Gastes verschwand aus der Seele, das Mädchen fand in die Ordnung der Familie zurück, die schon ein Stück ihre eigene innere Ordnung geworden war.

Ordnung bildet das Fundament menschlichen Lebens und daher auch jedes gedeihlichen Aufwachsens: die Ordnung des familiären Miteinanders, die Rituale und die verlässlichen Tagesabläufe, die schützende Geborgenheit des Hauses, die ordnende Hand der Eltern, die Ordnung der Werte, der Tugenden und der Umgangsformen. Die innerliche Aneignung dieser Ordnungen erzeugt die Moral eines Menschen, sie bildet die Richtschnur seines Handelns und verleiht seinem Leben Stabilität.

Kinder müssen früh lernen, ihre Gefühle, ihre Wünsche, ihre Beziehungen, ihre Zeit, ihr Glück und ihren Kummer zu ordnen. Solche Ordnung lernen sie, indem sie dem Vorbild ihrer Eltern und älteren Geschwister folgen. Das genügt aber nicht. Die Eltern müssen eine äußere Ordnung schaffen, die sich Kinder durch Übung aneignen und die sie eines Tages mit eigenem Leben füllen können. Denn es gilt die triviale Wahrheit: Äußere Ordnung führt zu innerer Ordnung, oder noch pointierter, innere Ordnung kann sich nicht ohne äußere Ordnung entwickeln. Viele Übungen äußerer Ordnung dienen Kindern als Training, ihr Seelenleben zu meistern. Wie schwer fällt es uns allen, die dahinfließende Zeit einzuteilen. Der regelmäßige Rhythmus des Tages gewöhnt Kinder an ein Schema, Zeit zu ordnen, und befähigt sie, eines Tages ein eigenes Schema zu entwerfen.

Äußere Ruhe schafft innere Ruhe. Wir litten lange Zeit unter der nervösen Unruhe während der Mahlzeiten im Internat. Eines Tages beschlossen die Mitarbeiter der Unterstufe, nach Beginn des Essens zu klingeln, um eine stille Zeit von fünfzehn Minuten einzuläuten. Diese einfache Maßnahme beruhigte die zehn- bis dreizehnjährigen Kinder, sie wirkten befreit und konzentrierten sich auf das Essen. Für die Erwachsenen war es ein Aha-Erlebnis, wie einfach man durch eine äußere Maßnahme ein Problem lösen kann, das durch viele Ermahnungen bisher nicht in den Griff zu kriegen war. Vor zwanzig Jahren haben wir den Schulanzug in der Mittel-

und Oberstufe für besondere Gelegenheiten wie Elterntage, feierliche Abendessen, Festveranstaltungen, Trauerfeiern, Abitursfeiern usw. eingeführt, inzwischen bis einschließlich der elften Klassen täglich. In der Unterstufe gab es schon immer den täglichen Schulanzug. Diese äußere Ordnung erhöht das Gefühl zusammenzugehören und erleichtert es den Jugendlichen, sich gut zu benehmen. »Kleider machen Leute«, der Schulanzug macht Salemer, das heißt, das Tragen einer Schuluniform stärkt den Geist einer Schulgemeinschaft.

Kontakt zu fremden Menschen aufzunehmen fällt Kindern schwer. Eltern zwingen ihnen eine Ordnung auf: Gib die Hand, die rechte, sag Guten Tag, nimm die Hände aus den Taschen, sag deinen Namen, in meiner Kindheit wurde noch der Diener oder der Knicks verlangt. Kinder lernen auf diese Weise Formen, die ihnen helfen, ihre Ängste und Unsicherheiten zu überwinden, weil diese Formen eine gesellschaftliche Übereinkunft darstellen, sie also auch dem geläufig sind, mit dem man zusammentrifft. Noch als Erwachsener profitiert man davon, wenn man durch viel Übung gelernt hat, solche Umgangsformen zu beherrschen. Wer selbstverständlich damit umgehen kann, wird selbstbewusst in einer Gesellschaft angesehener Leute oder bei Bewerbungen auftreten.

Die Beziehungen zu Eltern und Geschwistern bedürfen ebenfalls einer Ordnung. Bitten und danken, an Geburtstagen und zu Weihnachten schenken, Rücksicht nehmen, sich entschuldigen lernen – solches Verhalten fällt nicht vom Himmel, gelingt auch nicht bloß durch Nachahmung, sondern bedarf der Einübung. Wenn Eltern die genannten Verhaltensweisen nicht fordern und auch erzwingen – ohne »bitte« gibt es kein Eis, der Bruder soll der Schwester etwas schenken, sonst gibt es für ihn später auch kein Geschenk –, versäumen sie, ihre Kinder zu kultivierten Bürgern zu erziehen. Erziehung ist schließlich die Kindern täglich abgerungene Überwindung ihres Egoismus und ihrer Trägheit. Wenn Kinder geübt haben, Vater und Mutter zu danken, werden sie auch Lehrern danken, wenn sie einen Ausflug organisiert haben, oder der Tante einen Brief schreiben, weil sie an den Geburtstag gedacht hat.

Beziehungen zu anderen Menschen pflegen zu können ist eine hohe Kunst. Freundschaft muss man gestalten, wenn sie gelingen soll. Die äußere Form soll man mit dem Herzen füllen, so wie ein Komponist die äußere Form der Sonate mit Musik füllt. Aber ohne ordnende Formen scheitern nicht nur Geschäftsbeziehungen, sondern auch Freundschaften und Ehen.

Rituale bilden das Fundament des Aufwachsens. Das Einschlafen gelingt besser, wenn immer dasselbe Verhaltensmuster abläuft: vorlesen, singen, vielleicht beten, erst hat die Mutter, dann der Vater einen Auftritt, der Teddy muss versorgt werden und die Tür bleibt einen Spalt offen. Die Rituale der Tageseinteilung ordnen den Tag. Das Frühstück, das Mittagessen und das Abendessen sollten möglichst immer zur gleichen Zeit und auf die gleiche Weise stattfinden, dazwischen regelmäßig wiederkehrende Tätigkeiten, ein Spaziergang, der Einkauf im Supermarkt, später der Kindergarten oder der Unterricht am Vormittag, immer zur gleichen Stunde die Hausaufgaben.

Internate sind Fundgruben für Rituale, der Morgenlauf vor dem Frühstück in Salem, die Morgensprache, eine tägliche, fünfzehn Minuten dauernde Schulversammlung, der stark ritualisierte Ablauf der Mahlzeiten, also Aufstehen und Stillwerden zu Beginn, die stille Phase, die Ansagen; zu Beginn jeder Unterrichtsstunde stehen die Schüler auf und werden ruhig. Zum Geburtstag bekommen die Schüler beim Mittagessen einen kleinen Kuchen mit Kerze an ihren Platz gebracht, in der Unterstufe singen alle gemeinsam ein Lied. Die Ritualisierung der Zeiteinteilung, der Formen der Begegnung, der Formen des Essens, auch der Formen des Abschiednehmens entlastet Kinder und Jugendliche davon, jedes Mal neu nachzudenken, ob, wie und wann etwas zu tun ist.

Aber auch der eigene Körper bedarf der regelmäßigen Fürsorge. Eltern, die ihren Kindern hier eine Ordnung mitgeben, tragen zum gelingenden Leben ihrer Kinder mehr bei als durch manches geistige oder sportliche Training. Kinder früh mit ihrem Körper anzufreunden, indem sie lernen, freundlich mit ihm umzugehen, ihm Regelmäßigkeit zu gönnen und dem eigenen Wohlergehen Zeit zu schenken, steigert Lebenslust und Leistung. Seit ich mich erinnern kann, werden widersprüchliche Empfehlungen ausgegeben, wann Kinder aufs Töpfchen gesetzt werden sollen. Es gibt sogar Psychologen, die meinen, erzwungene Sitzungen könnten später zu sexuellen Verklemmungen und zu anderen Störungen führen. Mir berichtete neulich eine junge Mutter, in der Kinderkrippe ihrer Tochter im Osten Berlins würden alle Kinder jeden Morgen zur gleichen Stunde auf den Topf gesetzt; ein Ritual mit spielerischem Charakter liefe regelmäßig ab. Ihre westlichen Freundinnen sind empört über diese »Zwangsmaßnahme«. Dabei lernen die Kinder Regelmäßigkeit, ein Segen für ihren Körper. Spätere Verdauungsprobleme entstehen weitgehend aus Mangel an Zeit und Mangel an Regelmäßigkeit.

Eine Ursache des Leidens und der Leistungsschwäche vieler Kinder ist in der Tatsache zu suchen, dass sie ohne Frühstück in die Schule kommen, sich den Tag über von Fast Food ernähren, keinen Sport treiben und abends nicht ins Bett kommen. Wir dürfen uns keinen Illusionen hingeben, dass solcher »Unordnung«, die an Verwahrlosung grenzt, mit normalen Mitteln der Schulpädagogik beizukommen ist. Um diesen Kindern und Jugendlichen einen »ordentlichen« Lebensraum als Voraussetzung ihrer Gesundung schaffen zu können, bedarf es Schulen, in denen sie den ganzen Tag verbringen können und die mit einem verpflichtenden Frühstück beginnen sollten.

Unsere täglichen Begegnungen regeln wir durch ritualisierte Umgangsformen und Manieren. Das Essen, wenn es angenehm erlebt wird, läuft nach Regeln ab, die einer tradierten Ästhetik gehorchen. Sie einzuüben ist eine Sisyphusarbeit: Schmatz nicht, sag bitte, wenn du etwas brauchst, lass den Gast zuerst nehmen. Manieren müssen zur Gewohnheit werden. Seit Jahren üben Mädchen und Jungen Manieren und Umgangsformen im Tanzkurs; auch hier gilt der Ästhetik der Formen die ganze Aufmerksamkeit. Man erweist sich als aufmerksam durch Formen der Höflichkeit, durch Grüßen, indem man anderen den Vortritt lässt, Damen oder älteren Herren in den Mantel hilft. Formen der Höflichkeit entlasten das Zusammenleben, denn man grüßt zum Beispiel unabhängig davon, ob man gut oder schlecht gelaunt ist.

Man kann aber auch sein Herz in den Formen der Höflichkeit sprechen lassen. Welche Chancen der Spannung eröffnen sie in der Erotik, welcher Verlust an kultivierter Lebensart, wenn man gleich mit der Tür ins Haus fällt. Gerade Jugendliche sollten lernen, ihre erotischen Begegnungen zu kultivieren, das schützt sie vor Plumpheit und Torheit. Man erinnere sich an die eleganten Formen der Liebeswerbung vom Minnesang bis zum Biedermeier.

Wer sich literarisch kundig machen will, wie sich der Verlust der gewohnten Ordnung auf Jugendliche auswirkt, der lese den Roman »Der Herr der Fliegen« des Nobelpreisträgers William Golding, ein Glanzstück jugendpsychologischer Literatur. Er beschreibt eindrucksvoll und dramatisch, wie es einer Jungengruppe ergeht, die es auf eine einsame Insel verschlagen hat. Seine Botschaft lautet, dass Jugendliche ohne Führung durch Erwachsene scheitern, weil Rituale ohne eine dirigierende Hand ihre wohltuend ordnende Kraft verlieren und sich im Dienst böser Kräfte zu gefährlichen Instrumenten der Macht entwickeln können. Gerade in »harmlosen« Jugendgruppen können Initiationsrituale oder ritualisierte Mutproben viel Unheil anrichten, weil einzelne Jugendliche diesen harten Forderungen nicht gewachsen sind. Ihr Scheitern führt zu Hohn und Spott, oft zu Ausgrenzung und zu einem gestörten Selbstwertgefühl. Den institutionalisierten Missbrauch von Ritualen gibt es auch in Eliteeinrichtungen. Besonders brutale Formen der Initiation werden aus den Ecoles Normales, den französischen Elitehochschulen, berichtet. Sie herrschen aber auch in rechtsextremen Jugendgruppen. Goldings Roman entzaubert die Romantik sich selbst bestimmender Jugendgruppen.

Wer verstanden und akzeptiert hat, in welchem Maß äußere Ordnung innere Ordnung schafft, versündigt sich an den ihm anvertrauten Kindern, wenn er ihnen solche Ordnungen nicht verordnet. Das gelingt nur mit Disziplin. Üben. Üben. Üben! *Repetitio mater omnium,* die Wiederholung ist die Mutter aller Dinge. Eine Litanei von Ermahnungen begleitet wie das tibetanische *Om mani padme hum* gebetsmühlenartig das Aufwachsen der Kinder. Gewöhnung ist das Ziel. Manieren und Umgangsformen müssen zur zweiten Natur werden, sie müssen wie die Atmung oder die Verdauung ohne Einschalten des Verstandes funktionieren. Dann erst entlasten sie und stabilisieren das seelische Gleichgewicht, das so sehr auf verlässliche äußere Formen angewiesen ist. Die Weisheit der großen Religionen hat dem Seelenleben immer Rituale, liturgische Formen, Gebetsmühlen und Rosenkränze verordnet und den Frommen zu großer innerer Ruhe verholfen. Nur der Protestantismus ist etwas ausgeschert, weil die äußere Form als hohl gilt, wenn das Herz nicht mitspricht. Wir Deutschen sind alle protestantisch infiziert, wir sind Fetischisten der Innerlichkeit. »Im Deutschen lügt man, wenn man höflich ist«, sagt der Baccalaureus in Faust II. Die 68er-Bewegung hat diese Haltung zum Prinzip erhoben, alle Ordnungen, Rituale und Formen bekämpft und nur spontane Herzensäußerungen anerkannt. Darunter leiden wir heute noch. Wir müssen in

Deutschland den Glauben an die Kraft von äußeren Formen und Ordnungen stärken.

Aus der christlichen Tradition stammt der Rhythmus unserer Jahreseinteilung, er gibt auch in unseren heidnischen Zeiten dem Jahr eine Struktur und ein Gesicht. Wir sind gut beraten, wenn wir diese Folge der Feste weiterhin pflegen, ergänzt durch wenige weltliche Festtage wie den ersten Mai oder den Nationalfeiertag am dritten Oktober und persönliche Feste wie Geburtstage, Hochzeitstage und Namenstage. Das Jahr verläuft farbiger, wir können die Feste feiern, wie sie fallen. Haltet die Bräuche und pflegt die Traditionen, auch wenn ihr Atheisten seid, so lehren die Juden seit Jahrtausenden und haben daraus immer Kraft geschöpft. Die Ordnung des Jahres durch Feste schafft darüber hinaus das Gefühl zusammenzugehören.

Ordnung bildet den Anfang und das Ende der Erziehung, sie bildet auch die Last der Erziehung. Äußere Ordnung muss ein Mensch täglich neu herstellen oder sich den Zwängen äußerer Ordnung ohne Verlust persönlicher Souveränität unterwerfen können; innere Ordnung, die zur Moral eines Menschen geworden ist, befähigt ihn, ohne fremde Hilfe seine Sachen, seine Begegnungen und seine Gefühle zu ordnen. Bis Kinder und Jugendliche so weit sind, braucht es seine Zeit.

Wie kommen Kinder und Jugendliche mit den täglichen Zwängen zurecht, ohne dass ihr Leben davon beherrscht wird? Aufstehen zur rechten Zeit, in Ruhe frühstücken, pünktlich den Bus erreichen, die Schulsachen beieinanderhaben, vielleicht eine Arznei einnehmen müssen, den Unterrichtsvormittag meistern, nachmittags üben für die Musikstunde, zum Zahnarzt gehen, die Großmutter besuchen, Hausaufgaben erledigen, abends die Zahnspange einsetzen – der ganze Tag gleicht einer Kette notwendiger Anpassungen an vorgegebene Ordnungen. Eltern sehen mit Recht ihre Aufgabe darin, Kinder bei diesem Bemühen, den äußeren Zwängen gerecht zu werden, zu unterstützen, sie aber manchmal auch davor zu schützen. Sie müssen sie ermutigen, einmal fünfe gerade sein zu lassen und außerdem zu lernen, Prioritäten zu setzen. *First things first,* wer dieser Maxime folgt, wird nicht hektisch der Zeit nachlaufen, sondern Herr seiner Zeit sein.

Ein eigenes Kapitel bildet die Unordnung der Zimmer von Heranwachsenden, ihrer Arbeitsmaterialien, ihres Arbeitsplatzes, ihrer Kleidung und ihrer Zeiteinteilung. Ich habe mich oft vor Hausmeistern oder Putzfrauen geschämt, wenn wir der Unordnung nicht Herr wurden. Was haben wir uns nicht alles an Maßnahmen einfallen lassen: Tages- und Wochenpläne haben wir erstellt, Predigten haben wir gehalten, Strafen verhängt, Zimmer während des Unterrichts abgeschlossen, um nach Rückkehr der Schüler eine Auseinandersetzung zu provozieren, Privilegien gestrichen – der Kampf hörte nicht auf. Wir erlebten Bestätigungen des Satzes, dass äußere Ordnung innere Ordnung erzeugt, und das Gegenteil. Schüler, die ungeordnet dachten und arbeiteten, neigten auch zu entsprechender Unordnung. Dann erlebten wir gar nicht selten Jugendliche, die in ihrer Arbeitshaltung und ihrem Denken sehr diszipliniert waren, sich aber vergnügt im Chaos ihres Zimmers eingerichtet hatten. Sosehr ich unter der Unordnung mancher Zimmer litt, tolerierte ich sie eher als Unordnung der Beziehungen, der Umgangsformen oder Manieren. Ich habe gelernt, dass es Phasen bei Jugendlichen gibt, die mit großer Unordnung verbunden sind, die sie aber als Phase wohl durchmachen müssen.

Lehrern wird heute zugemutet, Hüter der Ordnung zu sein, obwohl das nicht ihre erste Aufgabe ist. Sie werden sich damit abfinden müssen, dass die Erziehung zu einem Minimum von Ordnung zu ihren künftigen Aufgaben gehören wird, weil die Familien es nicht mehr leisten. Diesen Auftrag werden sie nur erfüllen können, wenn ihnen mehr Autorität zuwächst und ihnen auch die Mittel an die Hand gegeben werden, Ordnung durchzusetzen. Eines muss man immer bedenken, wenn man die Lage von Lehrern beurteilt: Eltern ziehen ein Kind groß und dann ist der Prozess beendet. Vielleicht tun sie es einige Male je nach Kinderzahl. Lehrer erleben in vierzig Berufsjahren die ewige Wiederkehr des Gleichen. Immer wenn eine Generation von jungen Menschen einigermaßen erzogen und gebildet die Schule verlässt, wächst eine neue Generation von nicht-erzogenen Jugendlichen nach. Das gleicht der Arbeit des Sisyphus, der nach dem griechischen Mythos dazu verdammt war, ewig einen Stein auf einen Berg zu wälzen, der dann sofort wieder hinunterrollte; die gleiche Mühsal begann von Neuem. Disziplinierung strengt an und führt zu der bekannten *déformation professionelle*. Man soll Nachsicht mit uns Lehrern haben!

Vor Jahrzehnten hätte man davor warnen müssen, dass Menschen Ordnung zum Selbstzweck erheben. An solcher Verdrehung des Zwecks von Ordnung, geradezu ihrer Pervertierung, erkennt man Diktaturen und Kleinbürger. Ordnung wird dann zum Feind der Freiheit; umgekehrt ist der Preis der Freiheit, dass man mit einer gewissen Unordnung leben können muss. Auch diese Botschaft gehört zum Geschäft der Erziehung. Es gibt bereits unter Jugendlichen Ordnungsfetischisten und selbstgerechte Hüter der Ordnung, die man aus ihrem Gefängnis befreien muss. Das ist oft schwerer, als einen unordentlichen Menschen zu einer gewissen Ordnung zu erziehen. Ordnung ist jedenfalls vor allem dadurch in Deutschland in Verruf gekommen, weil Kleinbürger in zwei Diktaturen, im Nationalsozialismus und in der DDR, Ordnung zum Selbstzweck erhoben haben. Die wichtigste Aufgabe aller Erziehenden lautet daher: Sie müssen Kinder zu Herren der Ordnung erziehen und sie davor bewahren, Knechte der Ordnung zu werden.

Unordnung bringt frühes Leid, dieser Satz lässt sich auch umkehren, Ordnung ist die Voraussetzung von Glück. Diese Erkenntnis müssen sich alle zu Eigen machen, die Kinder und Jugendliche erziehen.

Wer gerecht erziehen will, muss bereit sein zu strafen

Recht und Ordnung lassen sich in menschlichen Gemeinwesen nicht ohne Strafen aufrechterhalten. Daran zweifelt niemand. In der Welt der Pädagogik verbreitete sich jedoch seit Beginn des 20. Jahrhunderts die Auffassung, dass Erziehung ohne Strafen auskommen sollte. Strafen würden Angst erzeugen und Angst sei der Feind allen gedeihlichen Aufwachsens. Erziehung sollte daher eine Änderung des Verhaltens durch Einsicht erreichen. Daraus resultierte eine Haltung des Laisser-faire, die nicht ideologisch motiviert war wie die antiautoritäre Erziehung, vielmehr berief man sich auf Erkenntnisse der Tiefenpsychologie, die jedem Zwang traumatisierende Wirkungen zuschrieb. Die Verurteilung von Strafen als Erziehungsmittel fand darüber hinaus in der späten Nachkriegszeit eine breitere Zustimmung, weil die Erfahrungen des Nationalsozialismus Strafen noch stärker in Verruf gebracht hatten.

Wer Strafen skeptisch gegenübersteht, wählt das Gespräch, um Kindern und Jugendlichen zu Einsichten zu verhelfen. Doch vornehmlich darüber das Verhalten von jungen Menschen zu beeinflussen, es gar zu ändern, übersteigt die Kräfte von Eltern, Erziehern und Lehrern. Salem war insofern immer »fortschrittlicher«, denn Strafen als Mittel der Erziehung gehörten auch in den Jahren nach 1968 zur pädagogischen Praxis. Von aufgeklärten Pädagogen wurde diese Auffassung allerdings dem Zeitgeist entsprechend als rückwärtsgewandte Pädagogik interpretiert. Lehrer und Erzieher, die mit naiven Ideen einer Erziehung ohne Strafen nach Salem kamen, wurden durch die Praxis schnell eines Besseren belehrt.

Die Schüler der neunten Klassenstufe unternahmen eine Studienfahrt nach München. Die begleitenden Lehrer hatten ihnen zuvor mitgeteilt, dass jeder, der sich nicht an die Regeln halte, sofort nach Salem zurückgeschickt werde. Schon nach einer Stunde Bahnfahrt verschwanden drei Schüler in der Toilette. Ein Lehrer entdeckte sie dort rauchend. Nach kurzer Beratung entschieden die Lehrer, dass diese Übertretung des Rauchverbots die angedrohte Strafe nach sich ziehe. Die Schüler fanden den Anlass nicht ausreichend für eine so harte Strafe und erklärten, alle würden daraufhin umkehren. Die Lehrer blieben gelassen und hielten an ihrer Entscheidung fest. Daraufhin zerfiel die Solidarität, es entwickelte sich eine Diskussion unter den Schülern, dass es eigentlich unsinnig sei, wegen der Torheit dieser drei die Fahrt abzubrechen. Die »Spielverderber« wurden also zurückgeschickt. Auf der ganzen Reise kam es zu keinem Zwischenfall mehr. Der Kommentar der Klassenlehrerin: Es ist hilfreich, wenn zu Beginn einer Unternehmung eine Regel übertreten wird und durch die dadurch fällig werdende Strafe die Maßstäbe für alle gesichert werden. Viele Lehrer machen den Fehler, dass sie beim ersten Mal nicht konsequent reagieren.

Wir sollten uns wieder darauf besinnen, dass Jugendliche nicht nur verbale Orientierung brauchen, sondern ihnen physische Grenzen gesetzt werden müssen. Strafen wie mehr arbeiten zu müssen, sich körperlich oder geistig anzustrengen oder die Bewegungsmöglichkeiten eingeschränkt zu bekommen besitzen eine physische Komponente.

Damit eine Strafe gerecht und wirksam ist, muss im Vorfeld klar mitgeteilt werden, welche Konsequenzen eintreten, wenn man eine Regel übertritt. Denn die Androhung eines Übels für eine Regelübertretung ist die Definition von Strafe. Es müssen allerdings nicht kasuistisch alle Fälle aufgeführt werden, die zu einer Strafe führen. Da Rauchen nicht ausdrücklich vorher genannt worden war, begannen die Schüler sofort zu diskutieren. Lehrer lassen sich in der Regel zu schnell auf solche Diskussionen ein. Die Salemer Lehrer haben trotz pädagogischer Diskussionskultur klar und selbstbewusst entschieden. Es zahlte sich sofort aus.

Wer versucht, Jugendliche ohne Strafen vor Drogen, Alkohol und Rauchen zu bewahren, wird scheitern. Jugendliche sind ungefestigte Persönlichkeiten und solchen »Verführern« nicht gewachsen, insbesondere wenn sie in der Gruppe von Gleichaltrigen angeboten werden.

In Salem haben wir noch bis in die achtziger Jahre versucht, dem Konsum von Drogen, Alkohol und Zigaretten durch Gespräche Herr zu werden. Wir sind gescheitert. Als neue chemische Methoden aufkamen, mit denen Drogen, vor allem Hasch, im Urin nachzuweisen waren, haben wir uns nach vielen quälenden Jahren unwirksamer Anstrengungen von einem Tag auf den anderen dazu entschlossen, tägliche Urinproben einzuführen: Jeden Morgen wird seither ein Schüler nach einem Losverfahren bestimmt, der eine Urinprobe abzugeben hat. Wenn die Prüfung einen positiven Befund ergibt, wird der Schüler fristlos entlassen. Bereits bei der Aufnahme ins Internat müssen Eltern und Schüler unterschreiben, dass sie dieses Verfahren akzeptieren.

Nachdem die ersten Schüler gehen mussten, verschwanden die Drogen aus der Schule. Diese Maßnahme führte außerdem zu einer segensreichen Nebenwirkung. Mit der Einführung von Urinproben hörten Lehrer und Erzieher auf, Schülern mit Misstrauen zu begegnen, deren Arbeitshaltung nachließ oder deren Pupillen vergrößert waren. Vorher waren die Erwachsenen schnell mit der Vermutung bei der Hand gewesen, die betreffenden Jugendlichen würden kiffen, und die Jugendlichen wiederum konnten sich nicht dagegen wehren.

Die durchschlagende Wirkung dieser Methode ist in der Härte der Strafe zu sehen und darin, dass eine Regelübertretung eindeutig nachzuweisen ist. Als wir noch mit resozialisierenden Auflagen arbeiteten – Schüler, die des Drogenkonsums überführt werden konnten, mussten zur Strafe in Einrichtungen für Drogenabhängige, in Entziehungsanstalten oder Krankenhäusern tätig sein –, war die abschreckende Wirkung der Strafe zu gering. Außerdem gelang es uns viel zu selten, Schülern Drogenkonsum nachzuweisen. »Die Nürnberger hängen keinen, sie hätten ihn denn zuvor«, kann man in Schillers »Die Räuber« nachlesen. Strafen wirken nur, wenn Gewissheit herrscht, dass Regelübertretungen entdeckt werden. Wer bereit ist, Strafen als Erziehungsmittel anzuerkennen, muss bereit sein, klare Mittel der Aufklärung anzuwenden.

Wir haben auch im Kampf gegen den Alkoholkonsum ein technisches Verfahren eingeführt, sogenannte Alkotestgeräte, um die unseligen Diskussionen zu beenden, ob und wie viel ein Schüler getrunken hat. Seitdem herrscht Klarheit. Die Schüler wissen, dass ihr Alkoholkonsum entdeckt wird. Dadurch wirken die angedrohten Strafen. Der Alkoholkonsum hat vor allem in der Mittelstufe drastisch abgenommen, die Beziehungen der Erwachsenen zu den Schülern sind von Misstrauen und Verdächtigungen entlastet.

Es gibt Strafen, die dazu dienen, im Alltag Ordnung aufrechtzuerhalten oder herzustellen. Solche Strafen dürfen und sollten mechanisch verhängt werden. Wer sich beim Essen nicht benehmen kann, muss hinterher abdecken oder in der Spülküche helfen, wer den Unterricht schwänzt, muss am Samstagabend nachsitzen; wer raucht, muss zehn Stunden beim Hausmeister helfen, wer seinen Küchendienst versäumt, muss ihn doppelt abdienen. In der Unterstufe sammeln Kinder Minuspunkte: für Unpünktlichkeit gibt es ein Pünktlichkeits-Minus (genannt Pü-mi), für Unordnung ein Ordnungs-Minus (Or-mi) usw. Eine bestimmte Zahl von Minuspunkten zieht eine festgelegte Strafe nach sich. Dieses System hat sich in Jahrzehnten bewährt und ist sehr kindgerecht, weil es eine »sportliche« Note enthält, berechenbar ist und jedes moralinsauren Geschmacks entbehrt. Wie einleuchtend wirkt es auf ein Kind in der Familie, wenn es keinen Nachtisch bekommt, weil es das Hauptgericht nicht isst, oder wenn vereinbarte Fernsehsendungen gestrichen werden, weil es unerlaubt fernsieht. Beim Strafen ist entscheidend, dass sofort gehandelt wird. Es ist für junge Menschen irritierend, manchmal angsterzeugend, wenn zwischen Delikt und Straffestsetzung zu viel Zeit vergeht.

Um Sicherheit und Gesundheit von Kindern und Jugendlichen zu gewährleisten, sind Strafen notwendig. Wer ohne Helm Fahrrad fährt, wer mit

Feuer leichtsinnig umgeht, wer in den Holzkonstruktionen auf den Speichern des Klosters Salem raucht, muss mit harten Strafen rechnen. Wir pflegten vor fünfundzwanzig Jahren Schülern Filme über einen Brand in einem befreundeten Internat vorzuführen, das auch in einem Kloster untergebracht war. Die bildlich eindrucksvolle Information über die Brandkatastrophe hielt die Schüler nicht davon ab, weiterhin auf den Speichern zu rauchen. Aus Empörung über die mangelnde Einsicht verordnete der Internatsleiter der Mittelstufe mit sofortiger Wirkung, dass jeder auf der Stelle eine Woche nach Hause geschickt wird, der im Hause raucht. Die Wirkung dieser Maßnahme war frappierend, denn für Internatsschüler gibt es nichts Schlimmeres, als aus der Gemeinschaft verbannt zu werden, sei es auch nur vorübergehend.

Noch eine Bemerkung zu der Auffassung, dass Strafen unzulässig seien, weil sie Angst erzeugen würden: Nach meiner Meinung muss man unterscheiden zwischen Angst und Furcht. Kinder müssen angstfrei aufwachsen dürfen. Angst ist ein bedrückender Gemütszustand, der durch diffuse Bedrohungen ausgelöst wird. Furcht ist immer auf etwas Konkretes bezogen. Klar umrissene, berechenbare, aus Fürsorge verhängte Strafen rufen bei Kindern Furcht, aber nicht Angst hervor. Wenn Furcht vor Strafe durch eine liebende, Kindern zugewandte Person ausgelöst wird, können Kinder damit umgehen, ja, sie müssen lernen, sie auszuhalten. Sie gehört zum Aufwachsen und zur Vorbereitung auf das Leben.

Wer an der Legitimität oder dem Nutzen von Strafen zweifelt, sollte sich bewusst machen, dass Strafen auch aus dem Leben der Erwachsenen nicht wegzudenken sind. Wer ist im Straßenverkehr noch nie geblitzt worden und erst daraufhin langsamer gefahren? Wie viele anständige Bürger würden Steuern hinterziehen, wenn sie nicht Strafen fürchteten? Im Übrigen müssen wir zugestehen, dass Erziehung ohne Strafen Erwachsene und Schüler überfordert. Nur überlegene, charismatische Persönlichkeiten können auf die ordnende Kraft von Strafen verzichten. Strafen geben jungen Menschen Halt und Orientierung, wenn alle sich anstrengen, gerecht zu handeln.

Gerechtigkeit! Die bekannte Allegorie der Gerechtigkeit zeigt eine Frau mit Waage und Schwert. Gerechtigkeit und Strafe gehören zusammen. Wer gerecht erziehen will, muss bereit sein zu strafen; umgekehrt darf nur strafen, wer die Tugend der Gerechtigkeit übt. Gerechtigkeit gehört zu den höchsten Tugenden in der Erziehung. Jugendliche erheben die Gerechtigkeit zum Maßstab ihrer Anerkennung von Eltern, Lehrern und Erziehern. »Allen Menschen recht getan ist eine Kunst, die niemand kann.« Gerechtigkeit walten zu lassen ist die größte Herausforderung für jeden Erziehenden.

Früh am Morgen erreichte mich der erste Anruf. Schüler waren nachts ausgestiegen, ein Sport, der sich an Internaten besonderer Beliebtheit erfreut. Es kam wohl zu unliebsamen Zwischenfällen, Alkohol war auch im Spiel. Als Gesamtleiter wurde ich hinzugezogen, wenn die Vorfälle gravierender Natur waren. Es tritt in solchen Fällen ein kleiner »Gerichtshof« zusammen, dem außer der Leitung, dem Erzieher (Mentor) und dem Klassenlehrer noch mindestens zwei Schülervertreter angehören. Drei Schüler hatten nachts um zwei Uhr das Haus verlassen und sich in eine Disco in der nahe gelegenen Kleinstadt begeben. Der Mentor hatte noch in der Nacht die leeren Betten entdeckt und die Suche sofort eingeleitet. Nach einigen Aufregungen konnten die drei ausfindig gemacht werden. Sie standen vor »Gericht« wegen unerlaubten Aussteigens und Alkoholkonsums; außerdem hatten sie zunächst nicht die Wahrheit gesagt, sondern eine Geschichte erfunden, um weitere Schüler zu decken, die nicht erwischt worden waren. Es handelte sich um Schüler der zehnten Klasse, sie waren also knapp sechzehn Jahre alt.

In mühsamen Gesprächen, die durchaus den Charakter von Verhören annahmen, versuchten wir herauszufinden, was genau vorgefallen war. Auch jetzt taten sie sich schwer, die ganze Wahrheit auf den Tisch zu legen, insbesondere bei der Frage nach Herkunft und Menge des Alkohols.

Das Verfahren verlief zügig. Sie wurden wegen unerlaubten Aussteigens, verbotenen Alkoholkonsums und Lügens bestraft. Wir haben erwogen, sie zu entlassen, weil sie bereits in anderen Zusammenhängen aufgefallen waren. Das lag aber schon einige Zeit zurück, sodass angemessene Strafen diskutiert wurden. Was gilt in einem solchen Fall als angemessen? Die Erwachsenen und Schüler messen an dieser Frage die Gerechtigkeit des Urteils. Die Strafe lautete, dass sie drei Tage nach Hause fahren mussten, um sich mit ihren Eltern auseinanderzusetzen; sie sollten damit einige Tage symbolisch aus der Gemeinschaft ausgeschlossen werden. Jeder musste darüber hinaus fünfzehn Stunden den Hausmeistern helfen; an zwei Wochenenden durften sie das Internat nicht verlassen. Beim nächsten vergleichbaren Vorfall mussten sie mit Entlassung rechnen. Bei der Bewertung spielte für den kleinen »Gerichtshof« eine wichtige Rolle, wie die Delinquenten mit der Wahrheit umgegangen waren. Hätten sie schon in der Nacht dem Mentor gegenüber die Wahrheit gesagt, hätte sich das zu ihren Gunsten ausgewirkt. Hatte der »Gerichtshof« gerecht geurteilt? Die Reaktion von Erwachsenen und Schülern signalisierte Akzeptanz. Das ist wiederum die Voraussetzung dafür, dass die Strafe auch auf die Schülerschaft wirkt.

Das Urteil über die Frage, welche Strafe verhängt wird, fällt der Leiter zusammen mit seinem

Stellvertreter. Der kleine »Gerichtshof« unterscheidet sich dadurch von den Gerichtshöfen in der großen Welt, dass die Mitglieder nur beratend tätig sind. Denn Schülern darf man nicht zumuten, über Entlassungen zu entscheiden.

Um ein gerechtes Urteil zu finden, braucht man Zeit. Unter welchen Umständen sind die Schüler ausgestiegen, haben sie ihre eigene Sicherheit und die anderer gefährdet, wie viel Alkohol haben sie getrunken, gab es einen Anführer und Mitläufer, wie verlief die Vorgeschichte der Einzelnen, wie hielten sie es mit der Wahrheit, sind sie in der Öffentlichkeit aufgefallen, haben sie bewusst in Kauf genommen, dass der Mentor nachts gestört wurde?

Die Diskussionen, Verhöre, Beratungen und Entscheidungen wirken auf alle Beteiligten eminent erzieherisch. Antworten auf diese Fragen zu finden bewegt mehr in den Herzen und Köpfen der Schüler und Erwachsenen als viele Stunden Unterricht zur Frage der Gerechtigkeit, aber auch zu Fragen nach Vergehen, Sünde, Schuld und Gewissen. Ich behaupte, dass diese Themen erst durch die Androhung von Strafen und die Suche nach einem gerechten Strafmaß ihren angemessenen Ernst erhalten. Ehemalige Schüler bestätigen dies.

Die sich wiederholenden Gerichtsverfahren, die im kleinen Rahmen für geringere Regelübertretungen wöchentlich stattfanden, sind ein nützliches Medium, um einen differenzierten Begriff von Gerechtigkeit bei Jugendlichen zu entwickeln. Junge Menschen verstehen unter Gerechtigkeit zunächst Gleichheit. Sie fordern den gleichen Maßstab für alle bei der Notengebung, bei Lob und Tadel und vor allem bei Strafen. Die Sehnsucht, zu sein wie die anderen und gleich behandelt zu werden, beherrscht das kindliche und jugendliche Denken. Ungleich behandelt zu werden verursacht großen Kummer.

Wir Erwachsenen müssen es als ständigen Auftrag ansehen, den Begriff der Gerechtigkeit bei jungen Menschen von der Idee der Gleichheit zur Idee einer individuellen Zumessung, also jedem das Seine, zu wandeln. Die wichtigste Botschaft an Schüler lautet, dass ein gerechtes Urteil eine schematische Urteilsfindung ausschließt. Jeder individuelle Fall muss zwar im Spiegel einer allgemeinen Regel interpretiert werden, bleibt aber ein individueller Fall. Ich habe mich immer davor gehütet, dass Präzedenzfälle mein Denken dominieren. Sie bilden eine große Verführung, weil sich jede auf Präzedenzfällen basierende Entscheidung nach außen einfach begründen lässt. In einem pädagogischen Kontext darf und muss man die einzelnen Fälle individueller interpretieren, als die öffentliche Rechtsprechung es sich erlauben kann.

Eine bessere Einführung in das Rechtsdenken kann es kaum geben, als bereits in frühen Jahren in formellen Verfahren über andere zu Gericht sitzen zu dürfen. Solche praktischen Erfahrungen bedürfen aber darüber hinaus der theoretischen Reflexion. Man muss die Erfahrungen auf den Begriff bringen, sie vergleichen mit historischen Beispielen oder ähnlichen Fällen in der Literatur. Diesen Vorgang nennen wir Bildung. Erst der durch reflektierte Erfahrung gebildete Mensch wird gerecht handeln können.

Der Begriff der Gerechtigkeit wird nur geschärft, wenn durch Erziehung und den Mut, Disziplin zu fordern, zu belohnen und zu strafen, kurzum: wenn durch Richten, Bewerten und konsequentes Handeln Erwachsene und Jugendliche immer wieder darüber nachdenken müssen, was gerecht ist. Ich betone, dass solches Nachdenken die Erwachsenen ebenso weiterbringt wie die Jugendlichen. Das Festlegen des Strafmaßes macht jedem bewusst, wie sehr es auf das Ermessen ankommt und wie Willkür Tür und Tor geöffnet sind, wenn der Begriff der Gerechtigkeit zu naiv ist. Es konnte passieren, dass wir auf der Suche nach Gerechtigkeit in eine wilde Aufrechnung und Kasuistik verfielen, die am Ende zu größerer Ungerechtigkeit führte als ein dialektisches Abwägen. *Summum ius, summa iniuria,* je größer die Bemühung, Recht herzustellen, desto ungerechter kann das Urteil ausfallen, so haben es die römischen Rechtsgelehrten formuliert.

Strafen wirken vorbeugend, sie können aber auch eine sühnende Funktion übernehmen. Einem Schüler, der einen anderen gehänselt oder durch sein

Verhalten der Gemeinschaft geschadet hat, kann die Strafe helfen, den Schaden wiedergutzumachen und seine Schuldgefühle zu verarbeiten. In einer Wohngruppe entstand große Erregung, weil aus dem gemeinsamen Kühlschrank eine Reihe von Nahrungsmitteln verschwunden war. Der Verdacht fiel auf einen Jungen. Der Fall wurde untersucht, diskutiert, man appellierte an die Ehre und verdächtigte andere. Nach langem Hin und Her bekannte sich dieser Junge zu der Tat, weil ihn ein Zimmergenosse, der Bescheid wusste, dazu gebracht hatte, die Wahrheit zu sagen. Seine Tat und vor allem sein langes Schweigen hatten großen moralischen und atmosphärischen Schaden angerichtet. Er musste natürlich die entwendeten Nahrungsmittel ersetzen. Ihm wurde als Strafe eine Art Wiedergutmachung auferlegt, er musste eine Reihe von Diensten in der Gemeinschaft auf längere Zeit übernehmen. Außerdem entschuldigte er sich so glaubwürdig, dass die Entschuldigung angenommen wurde. Für diesen Jungen ermöglichte die Strafe, sein Ansehen in der Gruppe wiederherzustellen und wieder in den Spiegel schauen zu können, indem er etwas Nützliches für die Gemeinschaft tat. Schuld soll man nicht nur durch Reue tilgen, sondern durch eine anstrengende gute Tat, die Kraft und Freizeit kostet.

Ich kenne nur eine Art der Korrektur regelwidrigen Verhaltens, die ohne Strafen auskommt. Ich meine die soziale Kontrolle innerhalb einer Gruppe. Wer die Normen einer Gruppe mit einem starken Wir-Gefühl nicht erfüllt, wird geächtet. Im Salem der Vorkriegszeit und der ersten Nachkriegsjahre pflegten Schüler bei Klassenarbeiten nicht abzuschreiben. Der Lehrer verließ nach dem Austeilen der Arbeiten das Klassenzimmer. Die Ursache der Haltung der Schüler lag nicht in einer höheren Moral, sondern in ihrer gegenseitigen Kontrolle. Sie waren stolz, die Tugend der Ehrlichkeit ohne Gegenwart der Erwachsenen zu praktizieren. Diese Haltung war Teil ihrer Identität als Salemer. Ein solcher Esprit de Corps ist jedem Strafsystem überlegen, gleicht aber seiner Struktur nach einem Strafsystem, das die Moral des Einzelnen stützt. Das angedrohte Übel ist die Ächtung durch die Gruppe. Die Moral innerhalb von Eliteeinrichtungen funktioniert auf diese Weise. Mitglieder solcher Gruppen scheinen unabhängig von Strafen zu sein unterliegen aber in ihrem Verhalten einem vergleichbaren Mechanismus.

Es gibt Strafen, die aus dem Repertoire von Erziehenden verschwinden müssen. Jede Art von körperlicher Züchtigung verletzt die Würde des Menschen. Liebesentzug ist eine gemeine und unpädagogische Strafe, sie ist für Kinder und Jugendliche nicht greifbar, sie ist unkonkret und angsterzeugend. Eine solche Strafe kann nur jemand verhängen, der keine rechte Liebe hat.

Ebenso sollte die Unsitte aufhören, in der Schule Noten als Strafe für Fehlverhalten zu vergeben. Noten sollen die Leistung eines Schülers bewerten, aber nicht sein Verhalten. Tatsächlich spiegeln sie oft wider, ob ein Schüler angenehm oder unangenehm aufgefallen ist. Ich behaupte, dass Lehrer verführt werden, Noten als Strafe zu vergeben – »die Notenpeitsche« nennt die Zunft der Pädagogen diese Praxis –, weil ihnen kaum andere Strafen zur Verfügung stehen. Unpünktlichkeit, Respektlosigkeit, Faulheit und Störung versuchen zu viele Lehrer mit der »Notenpeitsche« in Grenzen zu halten. Um Lehrer aus dieser Not zu befreien, sollten sie Strafen aussprechen dürfen, die dem Fehlverhalten entsprechen, also für Schwänzen Nachsitzen, für Respektlosigkeit ein Gespräch mit dem Direktor, für permanentes Stören ein zeitweiliger Ausschluss aus dem Unterricht. Es ist auf jeden Fall schwerer für Lehrer, gerecht zu handeln, wenn Noten im Verdacht stehen, als Strafen missbraucht zu werden. Noten bekommen dadurch ein besonderes Gewicht, weil sie Folgen vor allem für die Schulkarriere mit sich bringen können. Dadurch gewinnt die Frage gerechter oder ungerechter Bewertung eine lebenswichtige Bedeutung.

Erziehung in der Gemeinschaft kann auf Strafen nicht verzichten. In der Familie braucht es weniger formalisierte Regelungen. Es ist aber auch dort unerlässlich, dass Fehlverhalten Strafen nach sich zieht. Die Frage der Gerechtigkeit ist von gleichem Gewicht wie in der großen Gemeinschaft. Gerechtigkeit an sich interessiert Kinder aber weniger, sondern nur ob und welche Folgen ein gerechtes oder ungerechtes Urteil hat. Wenn Geschwister sich streiten, sollen die Eltern den, der unrecht hat, bestrafen. Sonst taugt die ganze Rechtsprechung nichts. Eltern wissen, dass gerechte Entscheidungen umso schwerer fallen, je kleiner die Kinder sind, weil ihre Handlungen ohne Verstand sind. In Streitereien von Geschwistern eingreifen und ein gerechtes Urteil fällen zu wollen gleicht oft der Aufgabe, aus einem Kreis ein Viereck machen zu wollen. Weil Kinder und oft noch Jugendliche keinen reflektierten Begriff von Gerechtigkeit haben, denken und handeln sie intuitiv und gefühlsmäßig. Ein gerechtes Urteil lässt sich aber nicht nach Gefühl fällen. Es bedarf der Fähigkeit, sich von dem eigenen, subjektiven Standpunkt distanzieren zu können. Eltern können sich daher oft nur um Gerechtigkeit bemühen, das werden Kinder immer honorieren.

Gerechtigkeit und Strafe bilden immer ein Junktim. Erst durch die Strafe gewinnt Gerechtigkeit existenzielle Bedeutung für das Kind und den Jugendlichen. Sie fordern Strafen, weil das durch Unrecht gestörte Weltgefüge nur durch Sühne und Wiedergutmachung wieder ins Lot gerät. Märchen beglücken deswegen Kinder. Erwachsenwerden heißt zu begreifen, dass Gerechtigkeit nicht so einfach herzustellen ist wie im Märchen und warum das so ist. Diesen Zusammenhang herzustellen nennen wir Bildung. Wer gerecht erziehen will, muss bereit sein zu strafen. Wer diesen Satz beherzigt, wird Kindern und Jugendlichen auf ihrem Weg in die Freiheit Wegweiser und Stütze sein.

Die Familie ist nicht alles

Vor unseren Augen spielt sich das eigentliche pädagogische Drama unserer Zeit ab: Die Erziehung in den noch bestehenden Familien verdient immer weniger den Namen Erziehung, denn sie wird nicht mehr von einem familienübergreifenden Konsens getragen; die einen erziehen ihre Kinder nach Grundsätzen, die anderen folgen den Launen der Zeit. Vor fünfzig Jahren konnte ein Beobachter noch einen gültigen Erziehungsstil der Gesellschaft und ein klares Menschenbild erkennen. Heute dominiert Individualität in der Erziehung – wie in der Gesellschaft insgesamt.

Darüber hinaus verfällt die Familie zunehmend. Gleichgültigkeit und Beliebigkeit prägen den Erziehungsstil vieler »Erziehungsberechtigter«. Es wird schon gut gehen, denken die meisten. Die Anzahl der Trennungen und damit der Alleinerziehenden nimmt zu, die Anzahl der Kinder nimmt ab, Frauen ohne Berufsausbildung und Migrantinnen bringen viele Kinder zur Welt, erziehen ihre Kinder häufig nicht oder pflegen einen Erziehungsstil anderer Kulturen, Frauen mit Hochschulabschluss sind immer weniger bereit, Kinder zu bekommen. Beispiele gelingender Erziehung wechseln ab mit Erscheinungen gut gemeinter und dennoch oft misslingender Erziehung.

Wir sollten unsere Zuversicht nicht verlieren. Auf eine Umkehr zum Konsens in der Erziehung und zu einem neu erwachenden Glauben an die Familie dürfen wir hoffen. Denn das Leiden an mangelnder Erziehung und am Zerfall der Familie werden die Menschen auf die Dauer nicht aushalten.

»Schon Wochen vor der Adventszeit ist unsere Mutter mit den unzähligen Weihnachtsbesorgungen beschäftigt. (...) Wir Kleinsten haben unsere Wunschzettel an das Christkind diktiert oder selbst geschrieben und auf den Balkon gelegt. (...) Unsere Eltern wollen immer außer ihren Kindern und den Verwandten auch die im Hause lebenden Hilfen und alle, die ins Haus kommen, beschenken: den Schneider, die Näherinnen, die Waschfrauen, die Büglerin, die Handwerker. Unsere Mutter denkt an alle. (...) Wir Kinder dürfen beim Packen dieser Weihnachtspakete helfen. (...) Der lang ausgezogene Esszimmertisch nimmt alles auf, was verpackt werden soll, Tannenzweige, Kartons und Berge von Geschenken. (...) Wenn alles für die Post fertig gemacht ist, ziehen zwei von uns die Weihnachtsladung im Leiterwagen zum Postamt nach Grunewald. Das tut keiner von uns gern. Aber unsere Mutter ist der Ansicht, dass wir uns getrost ein bisschen Mühe für andere machen sollen. (...)

Am schönsten waren für uns die Adventssonntage. Am Nachmittag nach der Vesper versammelt sich die ganze Familie um den lang ausgezogenen Esszimmertisch (...). Wir Kinder sticken, kleben, malen, häkeln und sägen, feilen und lackieren mit Volleifer. (...) So pflegen unsere Eltern im Zusammenleben mit uns acht Kindern bewusst die Bräuche und Formen, wie sie seit Langem in den Familien unserer Vorfahren lebendig waren (...). Welche unverlierbaren Werte uns unsere Eltern damit gegeben haben, wurde uns in den schweren, wechselvollen Zeiten unseres späteren Lebens bewusst.«

Diese Zeilen sind dem Büchlein »Weihnachten im Hause Bonhoeffer« entnommen, in dem Sabine Leibholz-Bonhoeffer beschreibt, wie ihre Familie die Weihnachtszeit vor dem Ersten Weltkrieg gestaltete, eine Familie, die den Kindern geradezu ideale Bedingungen des Aufwachsens bot: aufwachsen in einer Gemeinschaft von Eltern und Kindern, ergänzt durch andere, hilfreiche oder auch eckige Erwachsene, eine nach Alter und Geschlecht gemischte Kinderschar, eine fürsorgliche Atmosphäre, eine Fülle von gemeinsamen Tätigkeiten, ein Ethos, in diesem Fall von einem christlichen Menschenbild und lebendigem Glauben geprägt. Das Leben in einer solchen Gemeinschaft von Erwachsenen und Kindern fordert und stärkt jedes Kind in vielfacher Hinsicht, weist es aber auch in seine Grenzen. Diese Familie ist ein kleiner Kosmos, sie erinnert an die Weisheit aus Afrika, die Hilary Clinton in den Westen gebracht hat, es brauche ein ganzes Dorf, um ein Kind großzuziehen.

Von praktischer Nächstenliebe bis zu Disziplin lernen Kinder alles für ihr künftiges Leben Nützliche beiläufig, gleichsam im Vorübergehen. Auch Verzicht ist dauernd angesagt. Die Liebe der Eltern und ihre Zeit, die Geschenke, die Zimmer, alles wird immerzu geteilt. Kinder in Großfamilien lernen früh, ihren Neid, ihre Eifersucht und ihre Intoleranz zu überwinden. Sie erleben aber auch Solidarität gegenüber den Eltern, sie teilen Geheimnisse miteinander, die Großen schützen die Kleinen, sie übernehmen Verantwortung, sie erleben Krankheit, Leid und Ängste der Geschwister. Der Haushalt kann gar nicht ohne Arbeitsteilung funktionieren, jeder muss mit anpacken. Es gibt eine hierarchische Ordnung, Pflichten sind jedem geläufig. Verlässlichkeit stärkt das Vertrauen in andere Menschen, weil jeder auf den anderen zählen kann. Kinder und Jugendliche aus solchen Familien erwerben eine große innere Sicherheit, die ihnen erlaubt, selbstbewusst in die Welt zu treten. Noch bis in die Anfänge des 20. Jahrhunderts war es Brauch, dass Jugendliche aus Handwerkerfamilien auf Wanderschaft gingen; die Söhne aus wohlhabenden Familien unternahmen Bildungsreisen, die anstrengend waren und deren Ziel es war, sich außerhalb der Familie zu bewähren.

Wer sich die Familienwirklichkeit heute vor Augen führt, wird wenig von den Segnungen der Großfamilie wiedererkennen. Die durchschnittliche Kinderzahl hat sich auf 1,36 Kinder eingependelt, die Hälfte der Ehepartner trennt sich im Laufe ihres Lebens, oft wenn die Kinder noch klein sind; immer mehr Mütter oder Väter ziehen die Kinder allein groß. Von Gemeinschaft kann man kaum mehr sprechen, auch Erwachsene sind aus dem Leben der Kinder verschwunden: Die Tanten, die Onkel, die Großeltern leben nur noch selten mit der Familie zusammen. Bis zu dreißig Prozent der Kinder wachsen heute als Einzelkinder auf. Wo sollen diese Kinder lernen zu teilen, wo Toleranz üben, wo Eifersucht und Neid überwinden lernen? Erst im Kindergarten und später in der Grundschule erfahren sie Ungerechtigkeit oder Neid; nur dort lernen sie die Zeit der Erwachsenen mit den anderen zu teilen, Urteile von anderen anzunehmen und außerdem zu akzeptieren, dass andere beliebter oder begabter sind. Sie haben es schwerer, die elementaren Konflikte zwischen Menschen meistern zu lernen.

Man vergleiche einmal Weihnachten in der Familie Bonhoeffer mit Weihnachten in einer Kleinfamilie heute. In der Großfamilie wird fortwährend der Gemeinsinn angesprochen, in der Kleinfamilie, die man eigentlich eine Restfamilie nennen muss, dreht sich alles um die Wünsche des einzigen Kindes, ab und zu von zwei Kindern. Sie sind schutzlos dem kommerzialisierten Weihnachtsgeschäft ausgeliefert. Im Fernsehen und in jedem Supermarkt werden sie mit weihnachtlichen Symbolen – Nikoläusen, Tannenbäumen, Engeln und Schneelandschaften – zugeschüttet, Weihnachtslieder tönen aus jedem Winkel. Nur wenige Familien können einen eigenen Stil dagegensetzen, verfügen noch über gewachsene Rituale. In der Adventszeit durchforsten Eltern mit Kindern die Kaufhäuser, statt zu Hause Geschenke zu basteln. Das Schenken wird immer schwieriger, weil alle immer schon alles haben. Hinzu kommt eine Häufung der Weihnachtsfeiern, erst in der Grundschule, dann in der Gemeinde, vielleicht noch im Sportclub und in der Firma, in der die Eltern arbeiten und die vorbildlich ein Kinderprogramm gestaltet. Auf jeder Feier gibt es eine Tüte mit Süßigkeiten und kleinen Geschenken. Alles gut gemeint, es überfordert die Kinder aber total. Man erinnere sich an die Tradition: Die Adventszeit galt als eine Zeit der Erwartung und Enthaltung. Heute ist sie eine Zeit des Konsums geworden, sodass die Kinder Weihnachten als Fortsetzung des Konsums erleben und nicht als Erfüllung einer Erwartung und Erlösung von der Enthaltung. Dann nahen die Weihnachtstage: Sie unbeschadet zu überstehen bedarf eigener Überlebensstrategien. Da alles sich um den Spaß und die Vertreibung der Langeweile dreht, wird das

Fernsehen zur Rettung und alle warten auf das Ende der Ferien. Wer wohlhabend ist, sorgt für »anregende« Ferien in der Karibik oder in Skiparadiesen, wer sparen muss und noch an Erziehung glaubt, kämpft gegen Fernsehen, Computer und Internet.

Probleme resultieren auch aus guten Absichten. Mütter glauben, ihrem Erziehungsauftrag gerecht zu werden, wenn sie ihre ganze Liebe und Fürsorge dem einzigen oder den beiden Kindern zuteil werden lassen. Sie stellen sich ganz und gar in den Dienst ihres Kindes. Leider artet diese Haltung zu häufig in Überfürsorge aus. Mütter produzieren ständig neue Ideen, um die schöpferischen Kräfte ihrer Kinder anzuregen; die wiederum gewöhnen sich an die Mutter als immer verfügbare Animateurin. Sie lernen nicht, Langeweile durch eigene Tätigkeit zu überwinden. Ihre Frustrationstoleranz sinkt gegen null. Die Erfahrung lehrt, dass diese Kinder eine große Anspruchshaltung entwickeln, zu Egoismus neigen, als verwöhnt gelten und weniger risikobereit sind. Große Vorsicht prägt ihren Alltag, sie wagen nichts mehr, strengen sich nicht an und verlassen sich auf die Mutter oder ihre Nachfolger, das sind dann Kindergärtnerinnen, Lehrer und Animateure in Robinsonclubs. Es gehört mit zu den Nöten der Lehrer, dass sie nach Meinung der Jugendlichen dieser Erwartung nach Daueranimation entsprechen sollten.

Erziehung in der Familie soll aber das Ziel verfolgen, junge Menschen so früh wie möglich flügge zu machen und in die Welt zu schicken. Heute erwecken viele Eltern, die ihre Familien als intakt ansehen, den Eindruck, sie wollten ihre Kinder so lange wie möglich unter ihren Fittichen bewahren. Sie glauben, es könne ihren Kindern nichts Besseres passieren, als bis zur Eheschließung mit ihnen zusammenzuleben. Das hängt auch damit zusammen, dass Eltern, vor allem die Mütter, die Heranwachsenden brauchen, um mit ihrer eigenen Unerfülltheit und Einsamkeit fertig zu werden. Da die Erziehung eines Einzelkindes normalerweise eine Mutter nicht ausfüllt, sollte man gute Bedingungen schaffen, damit Mütter einem Beruf nachgehen können. Pädagogische Ganztagseinrichtungen von der Kinderkrippe bis zur Ganztagsschule wären ein Segen für Kinder und Mütter. Denn Kinder brauchen gestaltete Gemeinschaften, um mit Gleichaltrigen aufwachsen und zeitweise der Überfürsorge der Mütter entrinnen zu können.

Im Leben von Kindern und Jugendlichen spielen Gleichaltrige eine zentrale Rolle. Sie sind Quelle ihres Glücks und Leidens. Einen Freund oder eine Freundin zu besitzen gibt dem Leben Sinn und Glanz. Mit der Zahl der Freunde steigt das Ansehen. Allein zu sein erregt Mitleid und sogar Verachtung. MoF, Mensch ohne Freunde, lautet die verächtliche Formel im Jugendjargon unserer

Zeit. Die hohe Bedeutung der Gleichaltrigen führt auch zu Abhängigkeiten. Um Freunde zu gewinnen, beliebt zu sein oder in der Gruppe anerkannt zu werden, bringen Jugendliche große Opfer, verleugnen ihre kleinen Grundsätze und sind sogar zu Untaten bereit. Andererseits können Gleichaltrige Kräfte in Jugendlichen mobilisieren, die sie allein nicht aufbringen würden, ebenso wächst in der Gruppe ihre Bereitschaft für Unternehmungen, denen sie sich ansonsten verweigern würden. Die Gruppe der Gleichaltrigen bedeutet also Gefährdung und Chance. Gemeinschaftserziehung nutzt die Magie der Gruppe. Alle charismatischen Erzieher haben auf die Faszination und Abhängigkeit der Jugendlichen voneinander vertraut, um sie für höhere Ziele zu begeistern. Die Jugendbewegung gibt davon Zeugnis, die Pfadfinder bauen darauf auf, die Kirchen stützen sich in ihrer Jugendarbeit darauf, Internate, die erfolgreichen Ganztagsschulen und Jugendlager vertrauen auf die Wirkung der Gruppe. Die Nationalsozialisten waren Meister der Gemeinschaftserziehung, das darf man nicht verschweigen. Die Perversion dieser Form der Erziehung bei den Nationalsozialisten und später bei den Kommunisten in der DDR hängt ihr bis heute an.

Das Geheimnis aller Jugendgemeinschaften, die Jugendliche begeistern, ist schnell gelüftet: Sie befriedigen das Bedürfnis von Jugendlichen nach

Abenteuer und stärken das Gefühl, gebraucht zu werden. Wir schicken in Salem unsere neunten Klassen im Frühsommer vierzehn Tage in die »Wildnis«. Das ist ein großes Wort, weil es Wildnis in Mitteleuropa kaum mehr gibt. Man findet aber noch Gegenden, die einsam und »wild« genug sind, um Jugendliche herauszufordern. Sie fahren nach Südfrankreich, um in Felsengebirgen zu klettern, sie begeben sich auf Wildwasserfahrten und Höhlenwanderungen in die Alpen, sie wandern auf dem anstrengenden GR 20 durch Korsika oder sie brechen zu Kanufahrten in einsame Gegenden Dänemarks auf. Bedingung ist, dass sie kein festes Dach über dem Kopf haben, sich selbst versorgen müssen sowie gemeinsamen Unternehmungen nachgehen und die Kosten sich in einem bescheidenen Rahmen halten. Je anstrengender die Unternehmungen verlaufen, je mehr Hindernisse zu überwinden und schwierige Phasen zu bestehen sind, desto vergnügter kommen sie zurück. In der Gruppe Gleichaltriger mit einem oder zwei Lehrern erfahren sie Zusammenhalt, gegenseitige Hilfe, sie üben Verzicht und stoßen an ihre Grenzen. Erlebnispädagogik heißt das heute und sie gehört zu den segensreichen pädagogischen Erfindungen. Eine Qualität der Salemer Veranstaltung ist ihr obligatorischer Charakter, diese einfache Wahrheit kann ich nicht oft genug betonen. Freiwillig würde nur ein Drittel der Schüler mitmachen.

Am Beispiel der Großfamilie kann man ablesen, wie überlegen das Aufwachsen in einer Gemeinschaft ist. Aber schon zu Zeiten der noch funktionierenden Großfamilie haben Reformpädagogen dafür gekämpft, dass Kinder und Jugendliche außerhalb der Familie in gestalteten Gemeinschaften mit anderen gemeinsam tätig werden können. Die Jugendbewegungen, Internate, Pfadfinder und kirchliche Jugendarbeit entstanden im ersten Drittel des 20. Jahrhunderts.

Eine große Gemeinschaft birgt einen großen Vorzug: Einzelne können und dürfen Verantwortung übernehmen. Die Größeren tragen Verantwortung für die Kleineren – sowohl im Internat wie auch bei den Pfadfindern oder in gut organisierten Sportgruppen – oder Schüler verantworten einzelne Bereiche und Ressorts. Dabei lernen sie soziale und politische Tugenden wie Rücksicht, Hilfsbereitschaft und Toleranz. Weil heutzutage Erziehung in der Familie nur noch selten stattfindet und Kinder und Jugendliche dadurch eher in ihrem Egoismus bestärkt werden, sollten wir ihnen diese Möglichkeiten nicht vorenthalten.

Gerade in der Zeit der Pubertät entwickeln sich Jugendliche vornehmlich durch »Ansteckung« in der Gruppe. Sie öffnen sich guten und schlechten Einflüssen, je nachdem, wer in der Gruppe das Sagen hat. So stark ist die Macht der Gleichaltrigen. Die Präsenz von und die Führung durch Erwachsene ist in diesem Alter daher notwendiger denn je. Doch nicht ihr direkter Einfluss ist gefragt, sondern ihre Geschicklichkeit, die Ziele so vorzugeben, dass die Jugendlichen bereit sind, sich daran zu orientieren. Die anstrengende Wanderung durch Korsika etwa kann nur gemeistert werden, wenn die Erwachsenen die Maßstäbe setzen. Eine Gruppe aus Motivierten und Unmotivierten wird sonst scheitern.

Ich erinnere mich an ein Mädchen, das bis zu seinem dreizehnten Lebensjahr der Sonnenschein der Familie war, als gute Schülerin und eifrige Sportlerin auffiel und durch sein heiteres Naturell seine Eltern und Lehrer erfreute. In wenigen Monaten wandelte sie sich in eine widerborstige kleine Person, sie wechselte ihre Freundinnen, fiel im Unterricht durch Widerspruch und Untätigkeit auf, die Eltern, insbesondere die Mutter, wurden das Ziel ihrer Aggressionen. Sie orientierte sich an Gleichaltrigen, ihre Kleidung, ihre Sprache und ihre Interessen spiegelten die Weltsicht ihrer Gruppe wider und sie war mit Worten nicht zu erreichen. Pädagogen ist eine solche Entwicklung wohlbekannt. Mit einem gewissen Recht raten sie zu Geduld, denn die Erfahrung lehrt, dass Jugendliche, deren Erziehung in der Kindheit gelungen ist, auch heftige pubertäre Phasen gut überstehen und mit siebzehn oder achtzehn wieder zu ihrer früheren Ordnung zurückfinden. Dennoch: An manchem

Konflikt leiden die Eltern übermäßig oder ihre Beziehung zu den Jugendlichen zerbricht.

In diesem Fall fürchteten die Eltern den Einfluss des neu gewählten Freundeskreises ihrer Tochter und konnten sie zunächst zu einem Ferienlager in den Sommerferien überreden. Es gelang ihnen dann, ihre Tochter von den Segnungen eines Daueraufenthaltes in einer Gemeinschaft zu überzeugen, sie sagte Ja zum Internat. Sie saß beim Vorstellungsbesuch so stachelig vor mir, wie die Eltern sie beschrieben hatten. Was sie lockte, waren der Sport, den sie jahrelang so erfolgreich betrieben hatte, und die Gemeinschaft; außerdem war sie mit ihrer Mutter so zerstritten, dass sie alles befürwortete, was nach Distanz aussah. Sie kam zum nächsten Schuljahr zu uns nach Salem. Wir waren nicht überrascht, dass sie sich schnell von einem widerspenstigen Mädchen zu einer kooperativen, liebenswürdigen jungen Dame wandelte, sich wieder für ihren Sport begeisterte und die Mutter wieder Gnade vor ihren Augen fand.

Ich berichte den Fall, weil er sich hundertfach an deutschen und nicht-deutschen Internaten wiederholt. Jugendliche leiden heute mehr denn je unter einem Defizit an gestalteter Gemeinschaft und in der Pubertät an zu großer Nähe zu den Eltern. Das Defizit ist jedoch heute bedrohlicher geworden, weil Jugendliche in einer jugendfeindlichen Umwelt aufwachsen, ich nenne als Stichworte das Fernsehen, die Konsumwelt, die Herrschaft des Geldes bereits in der Jugend, manchmal sogar in der Kindheit, die Drogen, den Alkohol und vor allem die geringen Erwartungen an die Zukunft.

Gegen diese Bedrohungen sind die Restfamilien weniger gut gewappnet als Gemeinschaften von Erwachsenen und Jugendlichen. Die Herrschaft des Fernsehens lässt sich nicht durch Verbote allein reduzieren. Unternehmungen in der Gemeinschaft, geführt von Erwachsenen, begeistern Jugendliche und locken sie aus der Passivität ihrer Konsumwelt. Es genügt aber nicht, Jugendliche mit spannenden Angeboten zu verführen, man muss sie verpflichten. Nur eine Minderheit würde sich verführen lassen und freiwillig daran teilnehmen.

Die Angebotspädagogik ist gescheitert, weil sie der Natur des Menschen widerspricht. Auch die Internate haben jahrzehntelang den Fehler begangen, Kindern und Jugendlichen Aktivitäten in der Freizeit anzubieten, statt sie dazu zu verpflichten. Eine verpflichtende Teilnahme an Unternehmungen, an Ausflügen, an Theaterbesuchen, auch nur an einem gemeinsamen Frühstück am Sonntagmorgen können nur wenige Familien durchsetzen. Wenn in Gemeinschaften Freiwilligkeit kein Thema ist, müssen alle mitmachen, auch die Unmotivierten. An britischen Internaten kommen alle am Sonntagmorgen zur Chapel, einer Art Gottesdienst, der für alle verpflichtend ist, ob Christ, Jude, Muslim oder Atheist. In Deutschland verschlafen sie, auch in Internaten, den Vormittag. Ich habe von keinem einzigen Jugendlichen Kritik an dieser Verpflichtung gehört. Viele erleben es als einen Gewinn, am Vormittag noch etwas unternehmen zu können. In unseren Restfamilien verschlafen sie schon den Samstagvormittag oder verdämmern vor dem Fernseher, die Kinder im besten Fall noch vor den Kinderprogrammen. An deutschen Internaten findet samstags immer Unterricht statt, ein Segen für die Jugendlichen.

Bisher waren intakte Familien oder Restfamilien das Thema. Wir wissen aber, dass viele Kinder in einem Beziehungsgeflecht aufwachsen, das den Namen Familie nicht verdient. Damit meine ich nicht die verbreiteten Patchwork-Familien, die oft noch wie Familien leben, sondern die losen, unverbindlichen Lebensgemeinschaften. Die steigende Arbeitslosigkeit fördert solche Verhältnisse, Alkohol und Drogen dienen dazu, über die hoffnungslose Lebenssituation hinwegzukommen. Den Kindern aus solchen Verhältnissen müssen wir helfen, und das können wir nur, wenn wir ihnen einen Ersatz für die Nicht-Erziehung bieten.

Wir müssen dafür sorgen, dass Kinder aller Schichten den ganzen Tag in einer von Erwachsenen geführten Gemeinschaft leben, arbeiten und spielen können. Bereits im ersten Lebensjahr sollten Mütter ihre Babys Kinderkrippen anvertrauen dürfen, es sollte flächendeckend Kindertagesstätten geben und natürlich Kindergärten. Wir müssen auch in unserem Lande das Recht der Frauen auf Arbeit anerkennen. Seit Jahrzehnten erziehen wir Mädchen so, dass sie sich über Berufsarbeit definieren und ihr Selbstwertgefühl darauf aufbauen. Nur eine Minderheit wählt Mutter und Hausfrau als Beruf. Berufstätige Frauen können die Doppelrolle Mutter und Beruf nur meistern, wenn sie sich Personal oder eine Kindertagesstätte leisten können. Die psychischen Kosten für die Belastung der Mütter – Mutter ist ein tagesfüllender Beruf – zahlen Mütter und Kinder. Die Arbeitgeber bestehen auf Höchstleistungen im Beruf. Wir haben den ersten Schritt getan und erziehen Mädchen für ein Leben im Beruf. Jetzt müssen wir auch den zweiten Schritt tun und den Frauen ermöglichen, ihren Beruf auszuüben. Frankreich kennt bereits seit 1880 die flächendeckende Versorgung mit Ganztagseinrichtungen vom ersten Lebensjahr an. Niemand wird Frankreich für ein familienfeindliches Land halten.

Ganztagseinrichtungen müssen zur Regel werden. Die Schule muss ihr Programm um ein Mittagessen erweitern, am Nachmittag müssen die Lehrer die Kinder, die sie am Vormittag unterrichtet haben, bei ihren Hausaufgaben begleiten. Projekte und Spiele vielfältiger Art unter der Leitung von Lehrern sollten Kinder und Jugendliche bilden und erziehen. Bildung darf sich nicht auf akademisches Lernen beschränken. »Übrigens ist mir alles verhasst, was mich bloß belehrt, ohne meine Tätigkeit zu vermehren oder unmittelbar zu beleben.« Dieser Bildungsbegriff Goethes muss zum Leitbild der Bildung an der Ganztagsschule werden: Der Belehrung am Vormittag muss die Bildung durch gemeinsame Tätigkeiten folgen. Durch Erlebnispädagogik sowie viele Formen tätiger Bildung wie Musik, Sport und Theater können Lehrer noch mehr »Menschenbildner« und auch »Menschenfischer« werden. Sie müssen die Kinder entdecken, die nicht an sich selbst glauben und deren Begabungen verborgen bleiben. Besonders Kinder aus bildungsfernen Schichten brauchen solche Lehrer. Die durch PISA offensichtlich gewordene unheilige Allianz zwischen Herkunft und Bildung kann nur auf diese Weise aufgehoben werden. Kein Kind geht verloren, an das ein Lehrer glaubt. Er muss es aber entdecken können. Dazu muss er es außerhalb des Unterrichts kennenlernen, weil Lehrer Kinder aus bildungsfernen Schichten zu häufig nur als Schulversager erleben. All dies ist nur möglich, wenn die Schule der Arbeitsplatz der Lehrer bis mindestens sechzehn Uhr ist und wenn Lehrer bereit sind, auch als Erzieher zu wirken. Die Gebäude müssen zu attraktiven Orten der Begegnung umgebaut werden und Lehrer müssen akzeptable Arbeitsplätze erhalten. Alle müssen den Mut haben, dem Spielen viel Zeit einzuräumen. Der Lehrer als Partner im

Spiel würde sich selbst und die Kinder glücklicher machen.

Der ganze Tag an der Schule muss für alle verpflichtend sein, für die Kinder aus bildungsfernen und bildungsnahen Schichten. Lehrer müssten für die Betreuung am Nachmittag vom Unterricht entlastet werden. Das alles kostet viel Geld. Man sollte das Kindergeld nur partiell auszahlen und den übrigen Teil in diese Ganztagesbetreuung investieren. Die Nachhilfeindustrie, deren Umsätze schon in die Milliarden gehen, würde überflüssig; ebenso die Chauffeurdienste der Mütter von intakten, meistens Restfamilien.

Eine der großen Herausforderungen unserer Tage ist die Erziehung und die Integration von Ausländerkindern oder Kindern aus Familien mit Migrationshintergrund. Nicht der Zerfall der Familien verursacht hier Probleme, sondern der enge Zusammenhalt in diesen Familien führt zu einer Erziehung, die verhindert, dass die Familien sich der deutschen Kultur und Sprache öffnen. Kinder sprechen nur unzureichend Deutsch, wenn sie in die Schule kommen, sie sind auch wenig vertraut mit den Sitten unseres Landes und nicht darauf vorbereitet, sich der Unsitten zu erwehren. Diese Kinder müssen die Chance bekommen, möglichst ganztägig mit deutschen Kindern und Kindern anderer Nationalitäten einen Kindergarten und natürlich anschließend die ganztägige Grundschule besuchen zu können. Diese Chance bekommen sie nur, wenn der Kindergarten und die ganztägige Grundschule für alle verpflichtend sind. Denn Familien mit Migrationshintergrund werden ihre Kinder nicht von sich aus in solche Einrichtungen schicken.

Wir müssen auch mit dem Irrtum aufräumen, es bestehe ein Gegensatz zwischen der Erziehung in der Familie und der Erziehung in größeren Gemeinschaften. Die Familie ist nach wie vor die Kernzelle menschlicher Gesellschaft, auch bleibt sie das beste Umfeld zum Aufwachsen von Kindern. Im Idealfall ergänzt eine Gemeinschaftserziehung eine gelungene Erziehung in der Familie. Und noch wichtiger: Gemeinschaftserziehung stärkt die Familien. Sie entlastet Familien, sie fördert Fähigkeiten und Tugenden, deren Grundlagen in der Familie gelegt werden, die aber dort oft nicht erprobt werden können. Unternehmungsgeist, Zivilcourage, Konfliktbereitschaft, Auftreten in der Gemeinschaft, Toleranz, Fähigkeit zur Freundschaft, Gerechtigkeits- und Gemeinsinn, Gewandtheit im Umgang mit anderen – ich könnte mit der Aufzählung noch endlos fortfahren. Traurig allerdings ist, dass Erziehung in der Gemeinschaft heute immer mehr fehlende Familienerziehung ersetzen muss. Damit müssen wir leben und dafür sorgen, dass Kinder, deren Familienverhältnisse unzureichend sind, tatsächlich einen Ersatz finden.

Gemeinschaftserziehung ist in Deutschland nicht populär. Sie bildet jedoch den einzigen Ausweg aus dem Erziehungsnotstand, der aus dem Zerfall der Familien resultiert. Es hat wenig Sinn, den Wert der Familie und ihren Vorrang gegenüber jeder Erziehung in der Gemeinschaft zu beschwören. Im Gegensatz zur Gemeinschaftserziehung lassen sich Familien nicht planen, Trennungen nicht verbieten, erziehungsunfähige Eltern nicht oder kaum erziehen. Es gibt eindrucksvolle Versuche, Eltern zu schulen, zu belehren und zu beraten. Wer solche Hilfe in Anspruch nimmt, ist schon auf gutem Wege. Es sind aber Minderheiten. Daher mein Plädoyer, den Weg der Gemeinschaftserziehung entschlossen zu gehen.

»Der Mensch ist nur da ganz Mensch, wo er spielt«

Er war »very much sixteen«, wie Engländer Pubertierende erschöpfend beschreiben. Er tat nichts für die Schule, hatte nur Flausen im Kopf und wirkte in fast allem, was uns Lehrern wichtig war, lethargisch. Einmal in der Woche allerdings, beim Basketballspiel, wandelte er sich binnen Minuten in einen aktiven, wendigen und taktisch klug agierenden Spieler, der seiner Mannschaft alle Ehre machte und ihr in vielen Wettkämpfen zum Sieg verhalf. Hier im Spiel wurden seine verborgenen Fähigkeiten jedes Mal wieder von Neuem sichtbar: die mitreißende Leidenschaft, der Teamgeist, die Fähigkeit, intelligent und strategisch zu handeln, seine wache Aufmerksamkeit für Stärken und Schwächen der Mitspieler, Disziplin, Ausdauer, Fairness und Ehrgeiz. Er wollte für diesen Sport bei bester Kondition bleiben und verhielt sich daher zumindest in einem Punkt für einen Sechzehnjährigen untypisch: Er rauchte nicht und er trank auch keinen Alkohol.

Jugendliche im Spiel erleben zu können gehört zu den beglückenden Seiten des Lehrerberufs – ein Privileg, das Lehrer erfahren, die in Internaten oder in Ganztagsschulen tätig sind, denn sie können beim Spiel Schüler jenseits des Unterrichts kennen- und schätzen lernen.

Das Spiel weckt die schöpferischen Kräfte, es schärft die Sinne und den Verstand, es formt den Charakter und erzieht zur Verantwortung, es lehrt, mit Sieg, Niederlage und Frustration fertig zu werden, und lehrt die Notwendigkeit von Autorität, es fordert den tiefsten Ernst und schenkt die seligste Unbeschwertheit, es übt Disziplin und die Zusammenarbeit, es weckt den Sinn für Ordnung, es macht mit der Macht des Zufalls vertraut, es bereitet Stunden der Selbstvergessenheit und macht frei, weil es keinem äußeren Zweck dient; nirgends erfährt ein Kind oder ein Jugendlicher unmittelbarer die Wechselwirkung von Glück in seiner doppelten Bedeutung, Glück haben und glücklich sein.

Eltern sind daher gut beraten, das Spielen zum zentralen Vehikel einer bewussten Erziehung zu machen, denn Spielen muss das Aufwachsen eines Menschen begleiten, wenn sich seine Begabungen entfalten sollen. Die Variationen des Spielens sind so vielfältig wie das Leben selbst. Bereits relativ früh im Leben, durch die Spiele im Sandkasten oder mit Bauklötzen, entwickeln Kinder gestalterisches Geschick sowie manuelle Fähigkeiten, Spiele mit Puppen fördern ihre fürsorglichen Kräfte, im Rollenspiel lernen sie, sich auszuprobieren und zu verarbeiten, was sie erlebt haben. Bei Doktorspielen erkunden sie ihren Körper, beim Fangen- und Versteckspiel trainieren sie Schnelligkeit und erfahren das Glück, durch Fantasie andere in die Irre zu führen und sich vor Entdeckung zu schützen; Indianerspiele oder die Bildung von Banden erlauben ihnen, den Kitzel von Gefahr zu erleben und Mutproben zu bestehen.

Wenn Eltern und Kinder miteinander spielen, entsteht eine Form von Interaktion, die der Alltag selten bietet. Im Spiel dürfen sich Kinder mit ihren Eltern messen, sie treten ihnen auf Augenhöhe entgegen, und die Chance zu siegen stachelt ihren Ehrgeiz, ihre Fantasie und ihre Anstrengungsbereitschaft an. Beim Mühlespielen etwa bringen es Kinder schnell zu einiger Geschicklichkeit, die sich, wenn sie älter sind, beim Schachspiel auf höherem intellektuellen Niveau steigern lässt.

Die Einsicht in die Notwendigkeit von Disziplin ergibt sich von selbst im Laufe des Spiels, Disziplin muss daher hier nicht gepredigt werden. Mehr noch: Spielen fördert die Selbstdisziplin. So früh gibt es meiner Ansicht nach keinen Bereich im Leben eines Menschen, in dem Selbstdisziplin äußere Disziplin ablöst. Umgekehrt kann es als Zeichen psychischer Störung oder als mangelnde Spielerfahrung gedeutet werden, wenn Kinder nicht in der Lage sind, sich den Anweisungen eines Spielleiters zu fügen oder bestimmten Regeln unterzuordnen. Das Spiel ist daher bei der Heilung psychischer Krankheiten nicht nur ein nützliches diagnostisches Instrument, sondern gleichzeitig auch ein Weg der Therapie.

Bildung und Erziehung im 19. und in der ersten Hälfte des 20. Jahrhunderts fanden vornehmlich in den Familien statt, und zwar in hohem Grade spielerisch. Man erinnere sich an die Hausmusik, die Gesellschaftsspiele, den Sport, die Scharaden, die Indianerspiele, auch die Kriegsspiele und vor allem das Puppentheater, die das bürgerliche Leben in den Familien prägten. Goethe berichtet in »Dichtung und Wahrheit« anschaulich, welche Bedeutung für ihn das Spielen auf seinem Weg zu sich selbst besaß. Heute ist das Spiel weitgehend aus dem familiären Alltag verschwunden. An die Stelle des Spiels sind die größten Feinde des spielenden Aufwachsens getreten, die Spielwarenindustrie und die Medien, vor allem das Fernsehen.

Das Fernsehen hat die Welt des Spiels zerstört, die Fantasie und die schöpferischen Kräfte der Kinder finden in den perfekten Spielzeugen keine Nahrung mehr. Der amerikanische Soziologe Neil Postman hat in dem aufschlussreichen Buch »Das Verschwinden der Kindheit« bereits Anfang der achtziger Jahre davor gewarnt, dass die Kindheit, die vom Schutz vor der Welt der Erwachsenen lebt, durch den Einfluss des Fernsehens im Verschwinden begriffen sei. Längst wird die Fantasie der Kinder von der Bilderwelt des Fernsehens beherrscht. Sie lernen die Welt hauptsächlich durch dieses Medium zu verstehen, sie erleben Konflikte und deren Lösungen nicht mehr durch persönliche Erfahrung, sondern das Fernsehen prägt ihr Verständnis davon. Primärerfahrungen werden von Erfahrungen aus zweiter Hand abgelöst.

Es sind nicht nur die Inhalte, die die kindliche Fantasie verderben, es ist auch die passive Haltung, die Fernsehen so bedrohlich macht. Das Spiel aktiviert alle Sinne, den Verstand und die Gefühlswelt. Im Spiel erfahren Kinder das Glück der Anstrengung. Das Fernsehen macht solche Erfahrungen zunichte. Glück kommt von außen, der Dauerkonsum des Fernsehens macht Kinder süchtig nach immer mehr glücklich machenden Anregungen. Das setzt sich fort in Computerspielen und später im Konsum von Alkohol, Hasch und Nikotin und in der passiven Art, Musik zu konsumieren. Ich kenne eine Gesamtschule, die ein Kind nicht in die fünfte Klasse aufnimmt, wenn in seinem Zimmer ein Fernsehapparat steht. Der Dauerpräsenz dieses Mediums ist keine Pädagogik gewachsen. Statistiken berichten, dass Kinder und Jugendliche im Durchschnitt täglich drei bis vier Stunden vor dem Fernseher verbringen. Den Gefahren des Fernsehens kann man nicht durch Verbote begegnen, sondern nur durch gestaltete Gemeinschaften.

Der Mensch ist nun einmal ein Gemeinschaftswesen und das Spiel ist eine der elementaren Ausdrucksformen des Gemeinschaftslebens. Die Qualität einer guten Schule kann man daran erkennen, in welchem Maße das Spiel als Medium der Erkenntnis, der Charakterbildung und der Selbstfindung der Jugendlichen gepflegt wird. Die Vorzeigeschulen der Republik räumen dem Spiel die ernste Bedeutung ein, die üblicherweise nur dem Unterricht zugebilligt wird. Wenn wir die Rückkehr des Spiels in den Prozess von Bildung und Erziehung erreichen, werden wir Schillers Maxime erfüllen: Wir werden ganze Menschen erziehen, die ganz Mensch sind, wenn sie durch das Spiel ihren Weg zu sich selbst gefunden haben.

Ich beneide die Angelsachsen um ihre Begeisterung für den Sport. Die Art und Weise, wie er an den angelsächsischen Schulen und Hochschulen betrieben wird, wirkt wie von Sigmund Freud erfunden: Er sorgt für geordnete Triebabfuhr, zugleich fördert er Exzellenz durch Wettbewerb und erzieht zu Fair Play.

Aufwachsen heißt, sich wagen, sich erproben, Grenzerfahrungen machen und scheitern dürfen. Darum bedarf es der Spielräume, innerhalb derer Jugendliche den Ernstfall erproben können. »Knaben müssen gewaget werden« lautet eine alte pädagogische Formel und das gilt heute für Mädchen ebenso. Mannschaftsspiele wie Hockey, Fuß-, Basket- oder Volleyball tragen zur Charakterbildung und Stärkung der Persönlichkeit bei. Die Kinder und Jugendlichen lernen ihren Körper zu disziplinieren und durch Disziplin sportliches Geschick und das Zusammenspiel zu steigern, aber auch Fairness zu erproben. Mehrmals wöchentlich disziplinieren sich englische Jugendliche durch körperliches Training. Sie erkennen den Wert von Verzicht und Anstrengung, weil sie ein Ziel verfolgen. Der Motor der Anstrengung ist der Spieltrieb. »Die Schlacht von Waterloo wurde auf den Sportplätzen von Eton und Harrow gewonnen.« Mit diesem Satz bekannte sich der Herzog von Wellington zur Charakterbildung durch das Spiel.

Soziale Tugenden, die Menschen für Extremsituationen qualifizieren, wie sie der Krieg mit sich bringt, bedürfen der Übung wie andere Tugenden auch. Zivilcourage, Fair Play und Anstand im Umgang mit einem Gegner lernt man nicht durch Belehrung, sondern durch spielerische Einübung. Ich erinnere mich an meinen Wehrdienst Anfang der sechziger Jahre, als wir vieles durch spielerische Wettkämpfe lernten. Die Manöver simulierten den Ernstfall und es trat schnell zutage, wenn ein Sieger keinen Anstand wahrte oder die Würde eines anderen verletzte. Keine Theorie hätte uns unsere eigenen Schwächen bewusster machen können oder die Gefahr, die von uns ausging, wenn wir unter Druck standen oder Macht über andere hatten.

In Salem können, wie oben schon gesagt, Teamgeist, Verlässlichkeit, Mut und Rücksichtnahme praktisch und spielerisch im Rahmen der Schulfeuerwehr eingeübt werden. Jeder Schüler ab der zehnten Klasse ist dazu verpflichtet, sich außerhalb der Schule sozial zu engagieren. Sie müssen einen Nachmittag in der Woche im Dienst anderer Menschen tätig sein. Sie können dies bei sozialen Diensten wie der Betreuung von Alten, Behinderten oder Asylantenkindern tun oder eben bei technischen Diensten wie der Feuerwehr. Die Übungen bei der Feuerwehr besitzen Wettkampfcharakter. Mannschaften werden aufgestellt, die gegeneinander antreten und sich gegenseitig anspornen. Diese spielerische Vorbereitung auf den Ernstfall nehmen die Jugendlichen sehr ernst und ihr Engagement ist dementsprechend groß.

Alle Spiele eignen sich, um Begabungen junger Menschen zu entfalten. Es gibt jedoch Spiele, die sich auf dem Feld der Bildung und Erziehung schon immer besonders bewährt haben, und dazu gehören neben dem Sport auch das Theater und die Musik, weil beides eine Vielfalt von Fähigkeiten und Begabungen anspricht. Jede über Monate dauernde Vorbereitung einer Aufführung, ob konventionelles Sprechtheater oder Musicals wie »My Fair Lady« und »Die Dreigroschenoper«, lässt ein Gesamtkunstwerk entstehen, das viele schlummernde Talente weckt.

Beim Theater spielt der Regisseur eine beherrschende Rolle. Er bestimmt, wem welche Rolle zugesprochen wird, er muss führen, interpretieren,

Ideen geben, ermutigen, anregen, für Disziplin sorgen. Er muss Technik, Bühnenbild und Auftreten der Schauspieler koordinieren, er ist eine Autorität, der sich alle unterordnen müssen.

Für das Kind und den Jugendlichen beginnt das Abenteuer Theater mit der Bewerbung für eine Rolle. Tränen fließen, wenn der Regisseur für die begehrte Rolle einen anderen auswählt, vielleicht sogar die Freundin. Die Rollenverteilung ist daher eine erste Prüfung. Werde ich die Niederlage verkraften und trotzdem mitmachen? Dann beginnt das mühsame Lernen der Texte, die ersten Trockenübungen finden statt, die Inszenierung wird entwickelt. Kindern und Jugendlichen wird in dieser Phase viel abverlangt: Ausdauer, Verzicht auf Freizeit, Toleranz gegenüber den Mitspielern, Unterordnung unter den Regisseur, Wartezeiten, endlose Wiederholungen.

Viele kommen dabei an ihre Grenzen, müssen sich aufraffen, nicht aufzugeben, auch aus Solidarität zu den anderen, weil sie die Aufführung sonst gefährden würden. Auch wenn die Proben zu gewaltigen Spannungen führen können, am Ende fördern sie den Zusammenhalt. Bei vielen Theaterproben in Salem konnte ich beobachten, wie die Schüler eine Spielleidenschaft ergriff, die ihnen die Kraft verlieh durchzuhalten. Proben in der Schlussphase konnten die Schüler zuweilen zehn bis zwölf Stunden lang in Atem halten, selbst bis spät in die Nacht hinein. Unterordnung, Zusammenarbeit, Pünktlichkeit, Fleiß (Texte lernen), Auseinandersetzung mit dem Stück, seinem Inhalt, dem Autor und seiner Zeit – alles dies leisten sie klaglos und verlässlich, wie Lehrer es im Unterricht nur selten erleben.

Theaterspielen kann auch therapeutisch wirken. Es kann schüchterne Kinder ermutigen, aus sich herauszugehen. Kinder können psychische Spannungen durch das Spiel bearbeiten und vielleicht sogar lösen. Ich habe Schüler erlebt, die dabei weit über sich hinausgewachsen sind. Theaterspielen ist ein Königsweg, Jugendliche zu stärken, gerade in der Pubertät zu sich selbst zu finden und selbstbewusst aufzutreten.

Dies wirkt sich unmittelbar auf ihre akademischen Fähigkeiten aus. Es gibt Schulen, die daher bis zu sechs Wochen im Jahr den Unterricht zugunsten von Theater ausfallen lassen, wie die staatliche Helene-Lange-Schule in Wiesbaden. Die dortige langjährige Schulleiterin Enja Riegel ist davon überzeugt, dass das Theaterspielen selbst mathematisches Können steigert. Die Erfahrung gibt ihr recht: Die Schüler dieser Schule haben auch bei PISA überdurchschnittlich gut abgeschnitten.

Solche Angebote an Schulen sind jedoch leider die Ausnahme. Dabei fehlen den Jugendlichen das Spiel und der tätige Zugang zum Verstehen der Welt – wie Musizieren, Handwerk, bildende Kunst,

Theater, Sport, Tanz, Abenteuer und verantwortliches Handeln –, weil die Familien ihre Erziehungsaufgaben nicht mehr wahrnehmen können. Sie suchen in ihren Lehrern Menschen, die sie führen, die ihnen Grenzen setzen, sie aber auch ermutigen, an sich zu glauben. Wenn die PISA-Studie an den Tag bringt, wie unzureichend Jugendliche lesen und rechnen können, dann sind das Folgen eines mangelnden Glaubens der Jugendlichen an ihre eigenen Fähigkeiten, oder anders ausgedrückt: Der Bildungsnotstand ist eine Folge des Erziehungsnotstandes. Auch hier sind die Schulen gefragt, Wege aus der Misere zu finden.

Schillers Satz »Der Mensch ist nur da ganz Mensch, wo er spielt« formuliert eine anthropologische Wahrheit. Das Spiel ist eine zweckfreie Tätigkeit und erlaubt die spielerische Einübung von Freiheit, für Schiller in unserer Kultur orientiert an der Idee des Schönen.

Wir müssen Wege finden, das Spiel wieder zum zentralen Medium der Erziehung zu machen. Die Bildungspolitik fördert solche Absichten nicht. Aus Kostengründen haben Bildungspolitiker viel Spielerisches an Staatsschulen zugunsten des akademischen Lernens reduziert. Besonders der Sport, die Musik, das Theater und die Unternehmungen in der Natur sind betroffen. Dabei sollte die Qualität einer Schule daran gemessen werden, wie viel Bedeutung, Zeit und Raum sie dem Spiel gewährt.

Begabung allein genügt nicht

Beethoven hat sich sehr früh umfassend musiktheoretisch und handwerklich gebildet wie kaum ein Komponist vor ihm. Trotzdem schickte ihn sein Gönner, der Kurfürst von Köln, nach Wien, um bei dem berühmten Haydn Unterricht zu nehmen. Haydn erkannte Beethovens Genie, empfahl ihm aber, zusätzlich bei einem angesehenen Musiktheoretiker Studien zum Kontrapunkt zu betreiben. Beethoven beließ es nicht bei diesen Studien, sondern ließ sich darüber hinaus noch gründlich von einem Fachmann für das Singspiel und von einem Violinisten im Geigenspiel ausbilden. Diese Arbeit an sich selbst, die seine genialen Anlagen bändigte und steigerte, bildete das Fundament seines Erfolges.

»Gaben, wer hätte sie nicht – Talente, Spielzeug für Kinder!
Nur der Ernst macht den Mann, nur der Fleiß das Genie«.

Dieses Distichon hat Theodor Fontane auf den Maler Adolf Menzel geschrieben. Es bedarf keines

Kommentars. Eine Erfindung resultiere zu neunzig Prozent aus Transpiration und zu zehn Prozent aus Inspiration, hat einmal scherzhaft der geniale Erfinder Thomas A. Edison formuliert. Solche Wahrheiten sollten sich begabte Schüler früh zu eigen machen.

Begabung ist ein Geschenk und ein Auftrag. Jeder bekommt kleine oder große Talente mit, der Auftrag lautet, sie zu mehren. Er lässt sich nur über den Weg der Anstrengung erfüllen. *Per aspera ad astra* hieß es in alten Zeiten, der Weg zu den Sternen ist steinig. Im Märchen werden Schönheit, Stand und Reichtum als Voraussetzung für Glück und Erfolg aufgeführt, man muss sich also nicht anstrengen, sondern Glück haben. In einer demokratischen Gesellschaft macht man sein Glück durch Anstrengungsbereitschaft. Durch Disziplin steigert man seine Begabung, ganz einerlei, welcher Art die Begabung ist. Wer begabt ist und noch dazu das Glück hat, durch Erziehung und Bildung zur Selbstdisziplin zu finden, um die eigene Begabung entfalten zu können, dem steht die Welt offen.

Ich habe viele Mädchen und Jungen erlebt, deren gute Begabung früh sichtbar und von den Eltern gefördert wurde, die eifrig im Unterricht, in der Klavierstunde und im Kirchenchor zum Wohlgefallen aller beteiligten Erwachsenen ihren Weg gingen. Auch nach dem Abitur wandelten sie auf den Spuren des Erfolgs. Diese begabten, selbstbewussten und disziplinierten Kinder des Glücks weckten neidische Gefühle in den Herzen anderer Eltern, deren Kinder holprig, mit vielen Mahnungen, Konflikten, Nachhilfen und Gebeten auf den rechten Weg gebracht wurden, darunter viele Begabte.

Mir sind zwei Jugendliche in lebhafter Erinnerung, deren Entwicklung nicht sehr stromlinienförmig verlief. Ein fünfzehnjähriges Mädchen wollte unbedingt nach Salem, weil ihre ältere Schwester erfolgreich ihr Abitur an unserer Schule absolviert hatte. Die Eltern zögerten, weil sie fanden, dass sie zu Hause noch gut aufgehoben sei und erst etwas später den Weg ihrer Schwester gehen sollte. Mit hartnäckiger Energie setzte das Mädchen sich durch, die Eltern kamen mit ihr zum Vorstellungsgespräch und teilten mit, ihre Tochter sei musikalisch hochbegabt, mache aber nichts daraus. Sie spiele Geige, sehr überzeugend, und könne es zu hoher Virtuosität bringen, wenn sie mit mehr Leidenschaft und Disziplin bei der Sache wäre. An exzellenten Bedingungen des Lernens und Übens mangle es ihr nicht, auch genieße ihr Lehrer einen hervorragenden Ruf. Sie siegte und trat zum nächsten Schuljahr ein. Ich sah ihrem Kommen zuversichtlich, aber nicht ohne Bangen entgegen. Ob wir der richtige Ort waren, um einer solchen Begabung zum Durchbruch zu verhelfen? Um das Ende einer aufregenden Entwicklung vorwegzunehmen: Sie entdeckte nach kurzer Zeit die Geige als ihre *grande passion*, erhielt nach drei Monaten den ersten Preis im Landeswettbewerb »Jugend musiziert« und wurde nach sechs Monaten Bundessiegerin.

Das Geheimnis ihrer Wandlung ist schnell gelüftet. Sie war in die Obhut einer begnadeten Geigenlehrerin in Salem gekommen, die beiden entdeckten eine Art musikalischer Wahlverwandtschaft und arbeiteten wie besessen auf diese Wettbewerbe hin. Die sympathische, eigenwillige Ausstrahlung des Mädchens erhöhte zudem den Zauber ihres Geigenspiels, als sie öffentlich aufzutreten begann. Nach meiner Interpretation hat hier eine klassische, geradezu modellartige pädagogische Entwicklung stattgefunden. Eine Lehrerin hat einer Jugendlichen geholfen, ihre große Leidenschaft und dabei sich selbst zu entdecken. Sie entwickelte ungeahnte Kräfte der Disziplin und Selbstdisziplin und scheute keine Anstrengung, um einen neu erwachten Ehrgeiz nach Exzellenz zu stillen. Lehrer sind und bleiben die wichtigsten Personen, um junge Menschen auf dem Weg zu sich selbst zu begleiten. Wer das Glück hat, einen Lehrer zu finden, der ihm zum Glauben an sich selbst und an seine Talente verhilft, hat den Grundstein für sein künftiges Leben gelegt.

Eindeutige und große Begabungen zu fördern verlangt vom Lehrer Kompetenz und Begeisterung für die Sache. Dadurch gewinnt er seine Schüler, die gute Begabung führt zu Erfolg und neuer Motivation. Sogenannte »unbegabte« junge Menschen zu unterrichten fordert vom Lehrer didaktisch-psychologisches Geschick. Er muss sich mühen, den Schüler zu »begaben«, ihm bewusst zu machen, dass auch er Begabungen besitzt. Er muss ihm vor allem zu Selbstvertrauen verhelfen. Die pädagogisch größere Herausforderung bilden daher Kinder und Jugendliche, die ihre Begabungen noch nicht kennen oder damit leben müssen, dass sie nicht zu den gut Begabten gehören.

Ich habe den Weg eines sechzehnjährigen Jungen begleitet, der in diesem Sinne von einer Lehrerin »begabt« wurde. Dieser Junge fiel nie durch besondere Leistungen auf, er selbst schätzte sich als eher unbegabt ein, entsprechend fielen über Jahre trotz einiger Bemühtheit seine Noten mäßig aus, er musste sogar von Jahr zu Jahr durch Nachhilfe und manche kleine Schummelei die Gefahr bannen, die Versetzung in die nächsthöhere Klasse zu verfehlen. Auch ihn entdeckte eine Lehrerin. Sie half ihm durch viele Gesten der Ermutigung, den kleinen Glauben an sich zu stärken und seinen Ehrgeiz zu wecken, durch stetige Arbeit die Bahn des ängstlichen Versagens zu verlassen und kleine Erfolge einzuheimsen. Dieser Junge schaffte es, den eingeschlagenen Weg kontinuierlich weiterzugehen, er hat nie akademische Lorbeerkränze nach Hause getragen, aber nach dem Abitur Karriere gemacht und eine leitende Stellung mit hoher Führungsverantwortung errungen, die er als Jugendlicher nie zu erreichen für möglich gehalten hätte. In der Rückschau konnte er den genauen Zeitpunkt datieren, an dem sein Schicksal sich zu wenden begann. Es war das Erscheinen der Lehrerin und ihr Glauben an ihn.

Jeder junge Mensch besitzt eine ihm eigene Begabung. Damit sie ans Licht tritt und er sie als seine Begabung entdecken kann, muss er an sich glauben lernen. Ein gesundes Selbstwertgefühl ist eine Quelle des Glücks und der Energie, umgekehrt ist mangelnder Glaube an sich selbst die Ursache von Unglück und Lähmung. Das ist das Geheimnis aller Pädagogik, junge Menschen so zu stärken, dass sie an ihre eigene Begabung zu glauben lernen. Der Glaube an sich selbst und das Selbstbewusstsein, etwas zu können, lassen den Einzelnen über sich hinauswachsen und befähigen selbst den mittelmäßig Begabten zu Taten, die einem Begabteren, der nicht an sich glaubt, nicht möglich wären. Einen jungen Menschen zum Glauben an sich selbst, an die ihm eigenen Talente, zu Selbstvertrauen und daraus resultierender realistischer Selbsteinschätzung zu verhelfen ist die höchste Herausforderung an jeden Pädagogen und zugleich Prüfstein seines Könnens. Den oben erwähnten Lehrerinnen war dies gelungen, sie lieferten Meisterstücke ihres pädagogischen Handwerks.

Ein sechzehnjähriger Junge, der sich selbst im

Wege stand, weil er fortwährend seine Freunde vor den Kopf stieß und auch sonst viel Unsinn produzierte, wurde einmal zu mir geschickt, weil der zuständige Erzieher hoffte, dass ihm ein Gespräch mit mir weiterhelfen könnte. Aus einem Gespräch wurden mehrere. Am Ende gewannen wir die gemeinsame Erkenntnis, dass der Junge nichts von sich hielt. Dieser mangelnde Glaube an sich selbst widersprach den offensichtlichen Begabungen des Jungen: Die Lehrer waren mit seinen Leistungen zufrieden, er besaß eine einnehmende Ausstrahlung und gutes Aussehen, weshalb er immer wieder Gleichaltrige fand, die sich ihm freundschaftlich näherten; und er galt als sportlich talentiert, machte aber nichts daraus. Weil er nichts von sich hielt, stellte er jeden neu gewonnenen Freund durch Provokationen dauernd auf die Probe, um Beweise der Freundschaft zu sammeln. Sein kleines Ich zehrte davon, aber nach einiger Zeit zerbrachen die Freundschaften, weil die Freunde sein Misstrauen und auch seine Eifersucht nicht aushielten.

Die gemeinsam gewonnene Erkenntnis war ein erster Schritt in die richtige Richtung. Der Junge konnte sich eingestehen, dass die Ursache seines Verhaltens in seinem mangelnden Selbstvertrauen lag. Er erkannte darüber hinaus, wie sehr er unter diesem mangelnden Selbstwertgefühl litt, wie es ihn zu falschen Handlungen verführte und dass er neue Wege gehen musste, um das Leiden zu beenden. Dieser Wille, das Leiden zu beenden, war die Basis einer möglichen »Heilung«.

Jetzt war guter Rat teuer: Wie gewinnt ein Mensch Selbstvertrauen? »Liebe deinen Nächsten wie dich selbst« heißt, nur wer sich selbst liebt, kann andere Menschen lieben und wahrhaft zu Freunden haben. Diese Botschaft sollte der Junge sich zu eigen machen. Es ist nicht so schwierig, einem Jugendlichen eine solche Botschaft verständlich zu machen, es gibt aber kaum eine schwierigere pädagogische Aufgabe, als einen Jugendlichen zu bewegen, entsprechend dieser Einsicht zu handeln. Ich habe nicht viel geredet, sondern versucht, den Jungen zu animieren, sein brachliegendes sportliches Talent zu entwickeln. Mir schien es das Feld zu sein, auf dem er nach dem Stand meiner Erkenntnisse sein kleines Selbstvertrauen aufbauen könnte. Ich versuchte, seinen Ehrgeiz zu wecken und ihn durch Erfahrung erkennen zu lassen, dass er auf diesem Weg die Anerkennung gewinnen könnte, die er bisher durch eifersüchtige Handlungen zu erlangen hoffte.

Der Junge ist diesen Weg gegangen, nicht ohne Erfolg, sonst würde ich den Fall nicht berichten. Er nahm sich vor, im Basketball eine Karriere zu basteln, entwickelte sein Talent, arbeitete mit viel Disziplin an seinem Erfolg und tatsächlich wuchs sein Selbstvertrauen. Allerdings nahm diese Entwicklung viel Zeit in Anspruch. Er provozierte weiterhin, stellte weiterhin Unsinn an, aber allmählich wandelte sich sein Verhalten, er hatte tatsächlich im Basketball seine *grande passion* entdeckt. Pädagogik braucht Zeit: Erst gegen Ende seiner Schulzeit konnte er seine Freundschaften ohne zu viel Eifersucht pflegen. Der Glaube an sich selbst war gewachsen. Ich habe ihn leider später aus den Augen verloren. Mich würde sehr interessieren, ob er auf dem Wege weitergegangen ist oder einen Rückfall erlitten hat. Selbstwertgefühl ist ein zartes Pflänzchen. Wenn es nicht gut begossen und gepflegt wird, kann es welken oder eingehen.

Der zentrale Auftrag aller Erziehung heißt: den Glauben junger Menschen an sich selbst zu stärken. Der große Unruhestifter in Sachen Bildung und Erziehung der Nachkriegszeit und Nestor pädagogischer Theorie und nachdenkender Praxis, Hartmut von Hentig, hat es verdient, schon wegen seiner genialen Formel zur Beschreibung der Tätigkeit aller Lehrer und Erzieher in den pädagogischen Olymp aufzusteigen. Seine Formel lautet: Die Sachen klären, die Menschen stärken. Darin fasst er die Botschaft zusammen, die Bildung und Erziehung ausmacht.

Begabung für sich bedeutet nichts. Wenn ein junger Mensch nicht an seine Begabung glaubt und nicht bereit ist, an seiner Begabung zu arbeiten wie an einer Bildsäule, verkümmert sie. Schule sollte diese Einsicht vermitteln. Unser Schulsystem honoriert und fördert aber primär akademische Begabungen. Es wird der Vielfalt und Eigenart, ja Eigenwilligkeit menschlicher Begabungen nicht gerecht. Wer außerhalb des Akademischen begabt ist, auch jenseits der bildungsbürgerlichen Neigungen zu Musik, Kunst, Theater und Sport, wird nicht leicht seine anderen Talente entdecken. Die Begabung zum Unternehmer, zum Politiker, zu allen Arten von Führungsfähigkeiten, auch pädagogische Begabungen, Begabungen für die heilenden Berufe, Begabungen zum Richter, ja nicht einmal die Begabung zum Lehren wird in unseren Schulen geschätzt oder überhaupt wahrgenommen.

Eltern und Lehrer müssen es als einen ihrer Aufträge ansehen, die Begabungen, die jenseits des Akademischen in jungen Menschen stecken, mit ihnen zusammen herauszufinden. Deutsche Abiturienten tun sich so schwer mit der Berufswahl. Ihnen begegnen in der Schule viele Berufe nicht, die andere als akademische Begabungen voraussetzen, sodass ihre Entdeckungsreise zu den eigenen Begabungen oft erst nach dem Schulabschluss beginnt. Mit einer mäßigen akademischen Begabung und viel Fleiß kann es ein Schüler zu einem sehr guten Abitur bringen. Er gilt dann landläufig als begabt, wohingegen der akademisch wenig, aber anders Begabte sich erst den Ruf einer besonderen Begabung im Berufsleben erwirbt.

Wer die Begabungen seines Kindes fördern will, die großen, die mäßigen und die noch nicht entdeckten, muss eine Voraussetzung schaffen, ohne die sich keine Begabung entfalten kann: Er muss das Kind früh an Arbeit gewöhnen. Tiere sind instinktiv fleißig, man muss nur Vögel beobachten, wie sie ein Nest bauen oder ihre Jungen füttern. Ihr Fleiß beschränkt sich allerdings auf die durch den Instinkt vorgegebenen Aufgaben. Menschen sind auch fleißig, wenn es ums schiere Überleben geht. Die Bestimmung des Menschen lautet aber, Kultur zu schaffen. Denn im Gegensatz zu Tieren wird das Leben von Menschen erst durch Kultur lebenswert. Alle Kultur beruht auf Arbeit. Es bedarf daher der ritualisierten Gewöhnung, um Arbeit in der Moral und der Lebensführung eines Menschen so zu verankern, dass sie zum Ethos und zur Gewohnheit wird. Früh müssen Kinder üben, kontinuierlich bei einer Sache zu bleiben. Als Vorbereitung auf das Arbeiten muss ein Kind verzichten lernen. Verzicht auf Freizeit, auf Genuss, auf Ausruhen, auf Müßiggang, auf Unterhaltung, Verzicht also auf alles, was Spaß macht, das ist die Voraussetzung von Arbeit. Der große Soziologe Max Weber hat daher eine Trias von Tugenden als Grundlage unserer Kultur und Wirtschaft erkannt: Verzicht, Arbeit und rationale Lebensführung.

Das Spiel ist der erste Einstieg in eine Haltung, die aller Arbeit zugrunde liegt: verzichten zugunsten eines Zwecks, Ausdauer beweisen, einer Sache dienen und sich qualifizieren. Frühes Musizieren übt die Tugenden der Arbeit. Kinder ahmen ihre Mütter nach, die sie arbeitend erleben. Ein Geschenk fertig basteln, das Kaninchen regelmäßig füttern, den Stall reinigen, sein Bett machen, kleine Arbeiten im Haushalt übernehmen, alles dies sind Einübungen in Arbeit. Mit den Hausaufgaben in der Schule erreicht das Arbeiten eine neue Dimension, Arbeit wird ritualisiert, gewinnt an Ernst und fordert immer mehr Verzicht.

Ziel der Erziehung zum Arbeiten muss ein Grad der Gewöhnung sein, die Arbeit zur zweiten Natur werden lässt. Was der Natur des Menschen zu widersprechen scheint, muss ihr gemäß werden. Wer Arbeiten in dieser Form nicht gelernt hat, wird es schwer haben. Denn der innere Drang zum Arbeiten, den die Gewohnheit erzeugt, muss ersetzt werden durch fortwährende Entschlüsse zur Arbeit. Es überfordert aber die Moral der Menschen, wenn sie sich zu jedem Arbeitsgang neu entschließen müssen.

Wem Arbeiten nicht zur zweiten Natur geworden ist, der wird seine Begabungen nur unzureichend entfalten. Mir geht es nicht primär um offensichtliche Frühbegabungen zum Beispiel musikalischer, sportlicher oder künstlerischer Natur. Es geht mir um die Begabungen von jedermann, um das große Spektrum von Fähigkeiten und Anlagen, die unentdeckt in vielen Menschen schlummern und durch Selbsterkenntnis als Folge von Selbstvertrauen entdeckt und durch Arbeit entwickelt werden können.

Das Thema Begabung führt zum Thema Elite. Von Elite darf man sprechen, wenn sich Menschen als Menschen zu ihrer höchsten Form steigern, wenn sie hervorragendes Können mit Verantwortung und Humanität verbinden, wenn sie frei und souverän ihren Weg gehen und anderen ein Vorbild sind. Solche Menschen sind heute rar geworden, weil Elite immer seltener am Charakter festgemacht wird, sondern am Erfolg und Verdienst. Als der große amerikanische Bankier J. P. Morgan nach einem Wirtschaftsskandal 1907, dessen Auswirkungen er durch entschlossenes Handeln begrenzt hatte, im Kongress zu diesem Skandal befragt wurde, stellte ihm ein Kongressmitglied die Frage, was jemanden für den Beruf des Bankiers qualifiziere. Seine Antwort: Charakter. Jede Gesellschaft braucht Eliten, genauer, sie braucht Menschen, die etwas können, Charakter haben und Einfluss besitzen.

Elitebildung muss daher Charakterbildung einschließen. Wilhelm von Humboldt, der Begründer der Berliner Universität, sah intellektuelle und moralisch-menschliche Bildung als Einheit. Professoren und Studenten sollten in einer »Gemeinschaft von Lehrenden und Lernenden« in »Einsamkeit und Freiheit« zusammenleben – und arbeiten. Die Studenten sollten die Selbstdisziplin aufbringen, sich ohne dauernde Geselligkeit und Anregung von außen auf sich selbst zu besinnen, um als freie Menschen gemeinsam forschen zu können. Er stellte sich eine Art weltliches Kloster auf Zeit vor. In der Gemeinschaft sollten sich die Studenten gegenseitig geistig fordern, die Professoren sollten den Studenten als Vorbilder die Ideale der Humanität und des wissenschaftlichen Ethos vorleben. Aus dieser Idee der Universität konnte nichts werden, weil die Deutschen schon damals Gemeinschaftserziehung in jeder Form ablehnten. Die Universität blieb eine rein akademische Anstalt. In angelsächsischen Ländern sind die Elitehochschulen immer zugleich Hochschulinternate. Oxford, Cambridge, Harvard oder Stanford haben die Idee einer »Gemeinschaft von Lehrenden und Lernenden« seit ihrer Gründung verwirklicht.

Um die einseitige akademische Bildung an unseren Hochschulen zu beenden, um also Charakterbildung zum Programm der Hochschulen und damit der Elite zu erheben, aber auch um den psychischen Folgen der unfreiwilligen Einsamkeit der Studenten zu begegnen, müssten wir dringend Gemeinschaften an Hochschulen schaffen. Einrichtungen der Elitebildung wie zum Beispiel die Studienstiftung des Deutschen Volkes versuchen, auf Sommerakademien Gemeinschaften auf Zeit zu ermöglichen oder an den Hochschulen Professoren und Studenten außerhalb der akademischen Veranstaltungen zusammenzuführen. Solche Einrichtungen müssten zur Regel werden, wenn die Charakterbildung der Eliten eine Chance haben soll.

Nachwort

In der Pädagogik gibt es keine neuen Erkenntnisse. Die Genialität großer Erzieher bestand zu allen Zeiten darin, aus dem Schatz der Wahrheiten der Vergangenheit eine Auswahl von Ideen, Maximen und Erfahrungen zu treffen, die als Antworten auf die drängenden Probleme einer Zeit gelten konnten. Es scheint mir daher nicht nur erlaubt, sondern geboten, sich bei den Vorfahren kundig zu machen, wie sie es mit der Erziehung gehalten haben.

In »Ausgewählte Schriften zur Pädagogik und ihrer Begründung« von Immanuel Kant habe ich einige Sätze gefunden, die die Botschaft meines Buches zusammenfassen:

»Eines der größesten Probleme der Erziehung ist, wie man die Unterwerfung unter den gesetzlichen Zwang mit der Fähigkeit, sich seiner Freiheit zu bedienen, vereinigen könne. Denn Zwang ist nötig! Wie kultiviere ich die Freiheit bei dem Zwange? Ich soll meinen Zögling gewöhnen, einen Zwang seiner Freiheit zu dulden, und soll ihn selbst zugleich anführen, seine Freiheit gut zu gebrauchen. Ohne dies ist alles bloßer Mechanism, und der der Erziehung Entlassene weiß sich seiner Freiheit nicht zu bedienen.«

Ich erlaube mir, Kant in einem Punkt zu korrigieren. Meiner Meinung nach ist das Problem von Zwang und Freiheit nicht eines der größten, sondern das größte Problem der Erziehung. Täglich haben Mütter, Väter, Lehrer und Erzieher die Spannung auszuhalten, Kindern und Jugendlichen Unterordnung, Gehorsam und Disziplin abzuverlangen und sie gleichzeitig in die Selbstständigkeit, zur Selbstdisziplin und zur Freiheit zu führen. Diese Spannung zu akzeptieren und jungen Menschen vorzuleben macht die Meisterschaft in der Erziehung aus und gehört zu den beglückenden Erfahrungen von Erziehenden. Das Wechselspiel von Zwang und Freiheit begleitet die Menschen ihr ganzes Leben. Denn Freiheit ist kein Zustand, den ein Mensch erreicht, sie ist eine täglich neu errungene Tugend. Junge Menschen erkennen sehr wohl, ob sich ein Erwachsener dieser Spannung stellt oder ihr ausweicht, indem er sie einseitig zugunsten des Zwangs oder des Laisser-faire löst. Sie nicht auszuhalten und sogar an ihr zu scheitern gehört zu den Leiden der Erziehenden.

Kinder und Jugendliche werden ihre Eltern, Lehrer und Erzieher dafür lieben und achten, dass sie sich dieser Spannung aussetzen und sich bemühen, sie fantasievoll und zuversichtlich zu leben. Solche Erziehenden nennen wir Vorbilder. »Erziehung ist Liebe und Vorbild, sonst nichts«, so hat sie der Begründer der Kindergärten, Friedrich Fröbel, beschrieben. Dem ist nichts hinzuzufügen.

Dank

Meiner Frau und meinen Töchtern widme ich dieses Buch. Meine Frau begleitet meine Arbeit kritisch und ermutigend seit 22 Jahren und so hat sie auch die Entstehung dieses Buches begleitet. Ihr Glaube an ein gutes Endprodukt hat mich durch manches Stimmungstief getragen. Meine Töchter haben mir zu wegweisenden Einsichten verholfen, mich menschlicher und dadurch tauglicher für die Erziehung gemacht. Außerdem haben sie mir die Grenzen meiner Pädagogik gewiesen. Die Leser profitieren davon.

Frank Schirrmacher hat keine Mühe gescheut, mich zum Schreiben von Kolumnen in der *FAZ* zu bewegen. Er hat auch dieses Buch angeregt. Ihm habe ich zu danken, dass ich noch spät eine neue Dimension meiner selbst entdeckt habe. Mäeutik nannte das Sokrates, also die Hebammenkunst, einen Menschen seine verborgenen Schätze heben zu lehren. Er ist ein Meister der Hebammenkunst.

Michaela Röll von der Agentur Eggers & Landwehr hat mich mit anmutiger Hartnäckigkeit dazu gebracht, das Buch tatsächlich zu schreiben. Sie hat sein Entstehen mit klugen Anregungen, bereichernden Gedanken, mit Ermutigung und mit Kritik gefördert. Ein Glücksfall für mich.

Der zweite Glücksfall war Bettina Eltner, Lektorin im List Verlag. Sie hat mit charmanter Direktheit unzulängliche Entwürfe als solche offengelegt, sie hat mitgeholfen, dem Buch eine Struktur zu geben, sie hat unermüdlich Ideen beigetragen und hat sorgfältig lektoriert.

Siv Bublitz, der Leiterin des List Verlags, ist zu danken, dass sie mich geworben hat und dass der Verlag sich ein so exzellentes Lektorat leistet.

Mein letzter Dank gilt Salem. Als langjähriger Leiter bin auch ich ein Produkt dieser Schule. Was ich bin und dass manche mir zuhören, habe ich Salem zu danken.

A.J. Jacobs
Britannica & ich

Von einem, der auszog, der klügste Mensch der Welt zu werden
Aus dem Amerikanischen von Thomas Mohr
432 Seiten. Gebunden mit Schutzumschlag
ISBN 3-471-79513-8

A.J. Jacobs weiß, dass die Achagua-Indianer Seen anbeteten, er weiß, dass Brandy von einem Holländer erfunden wurde und dass Napoleon gern Schlittschuh lief. Er weiß das alles, weil er die *Encyclopaedia Britannica* von A bis Z durchliest. Seine Frau Julie ist der Meinung, es sei reine Zeitverschwendung, seine Freunde halten ihn für verrückt. Über 15 Monate hinweg bewegt er sich auf dem Pfad der breiten Allgemeinbildung. Mit viel Sinn für Komik und absurde Details erzählt er, welche Auswirkungen die »Operation Britannica« auf sein Leben hat.

»Dieses Buch bietet eine ganz neue Definition von Intelligenz.«
The New York Times

List